CHINCHILLA COLORING BOOK

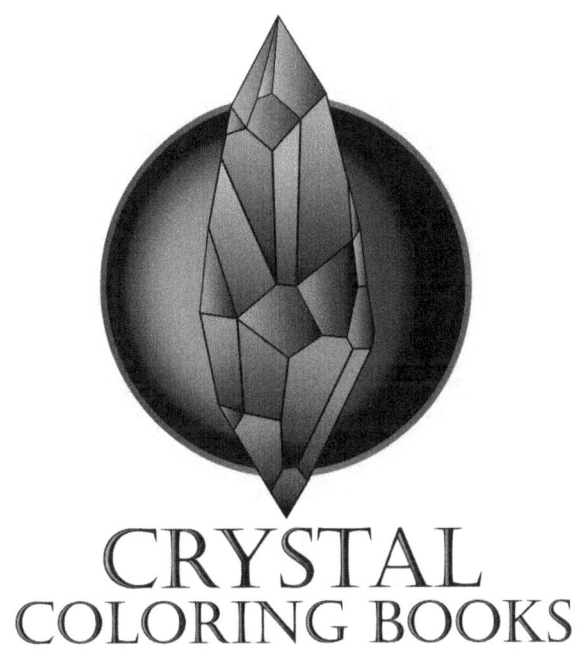

CRYSTAL
COLORING BOOKS

Copyright © 2017 Crystal Coloring Books
All rights reserved.
I ISBN-13: 978-1986659451
ISBN-10: 1986659453

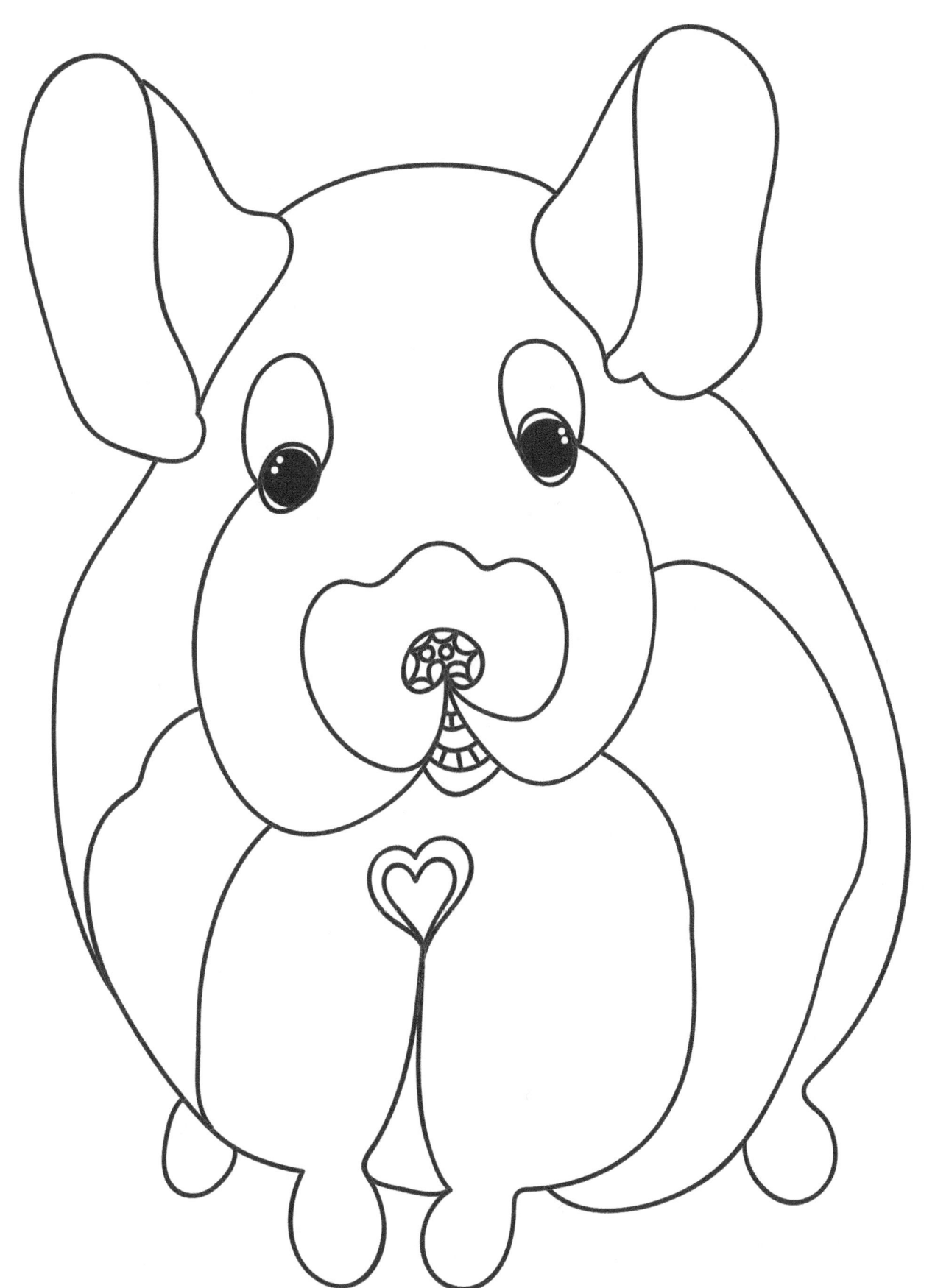

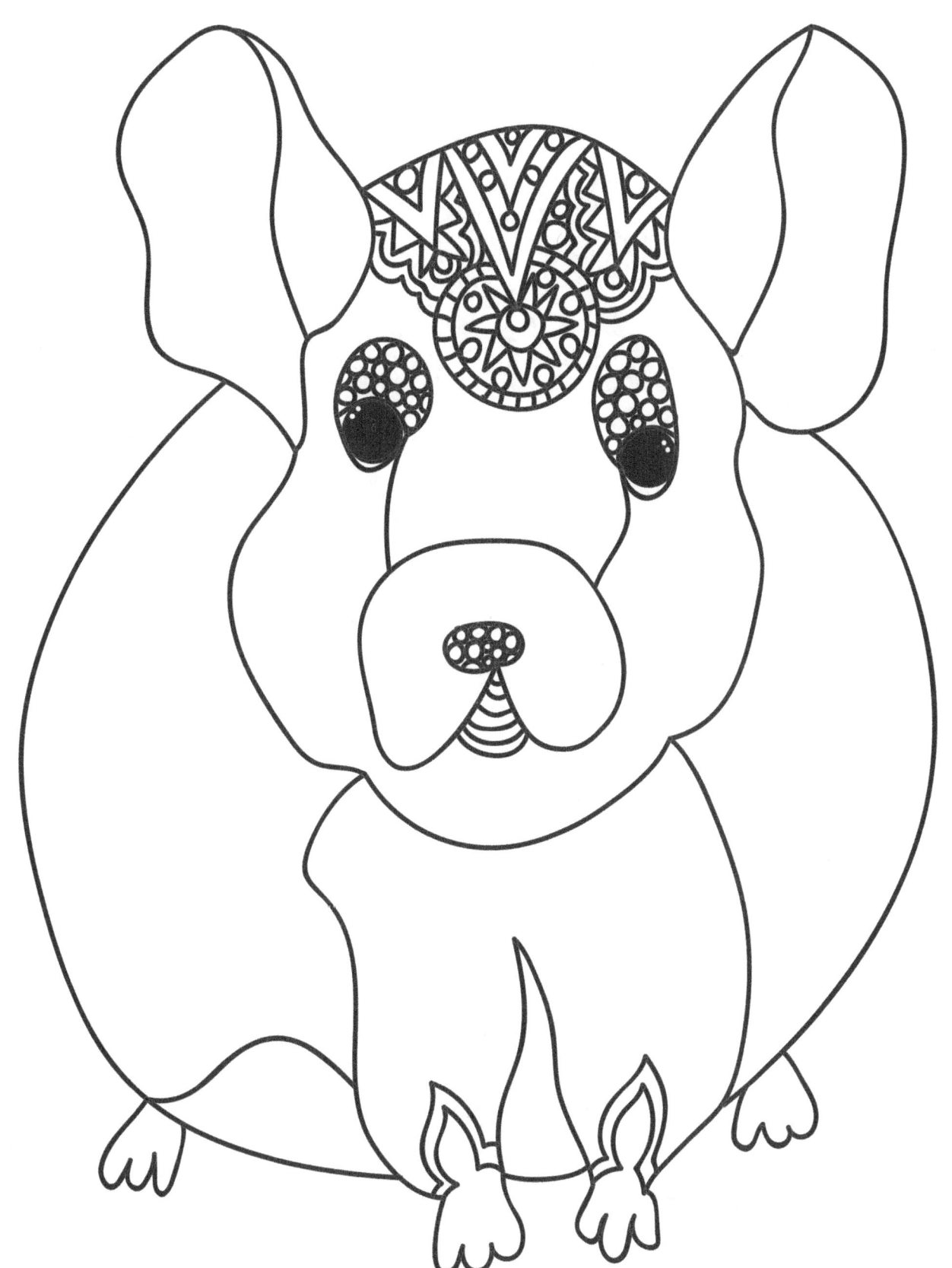

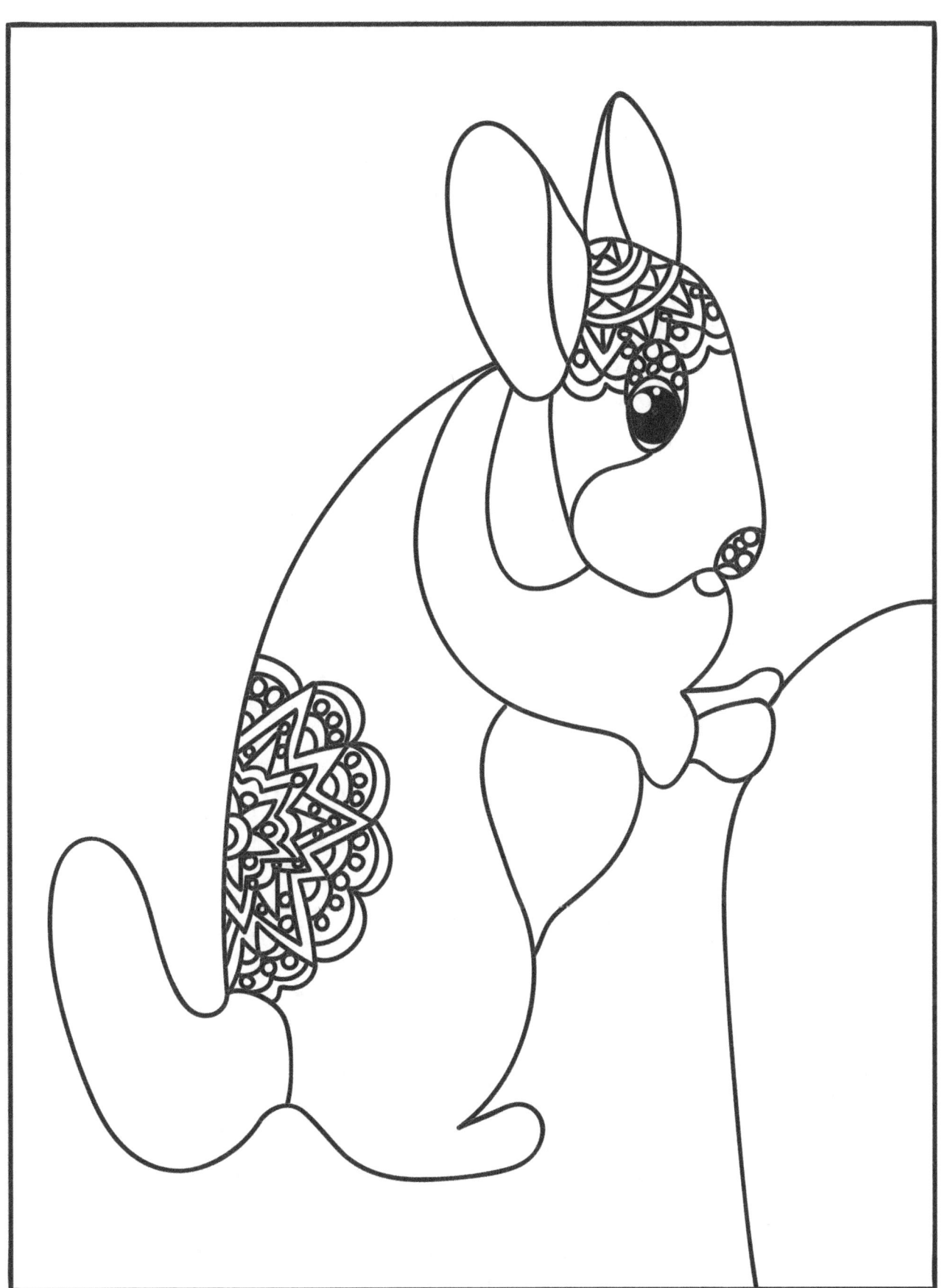

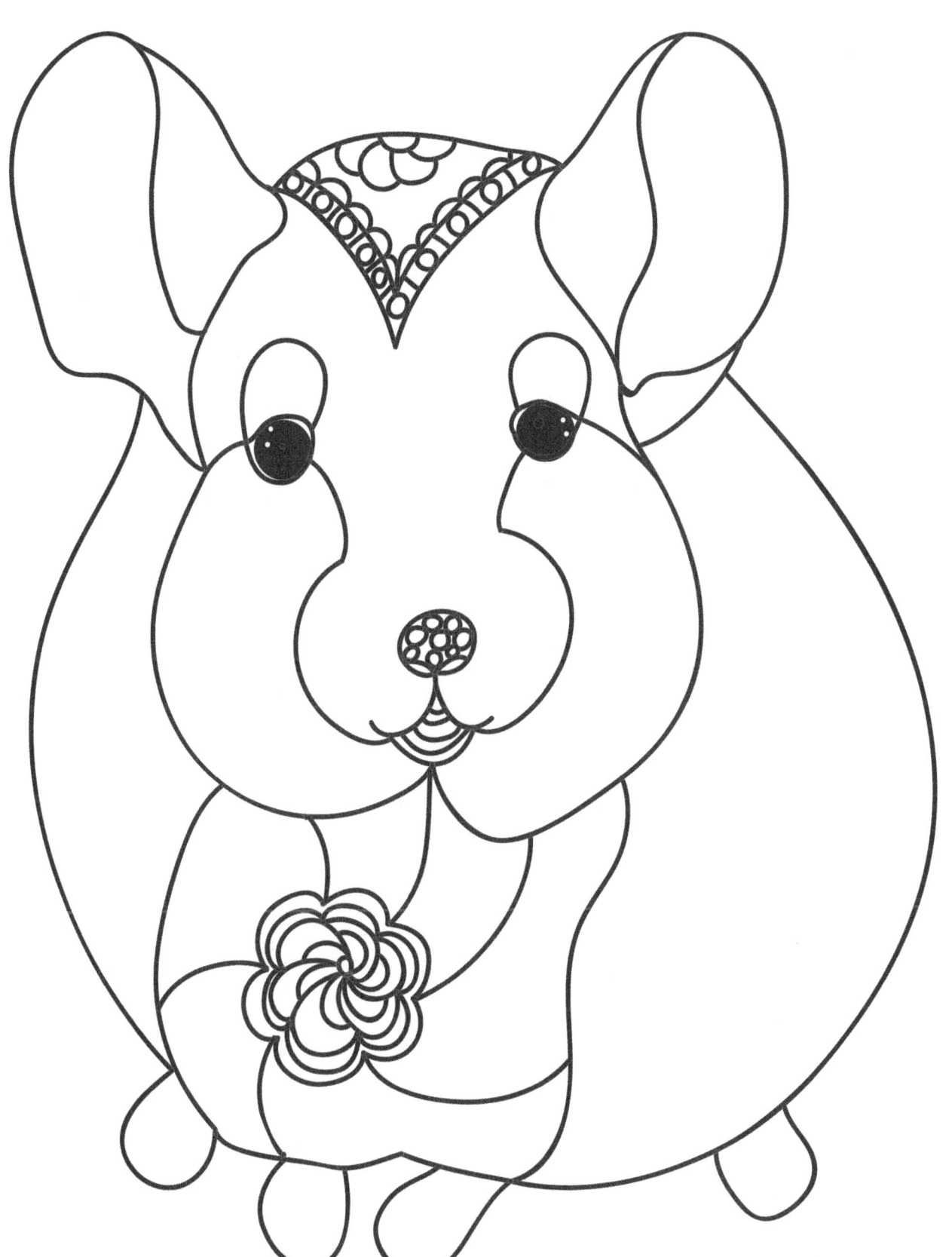

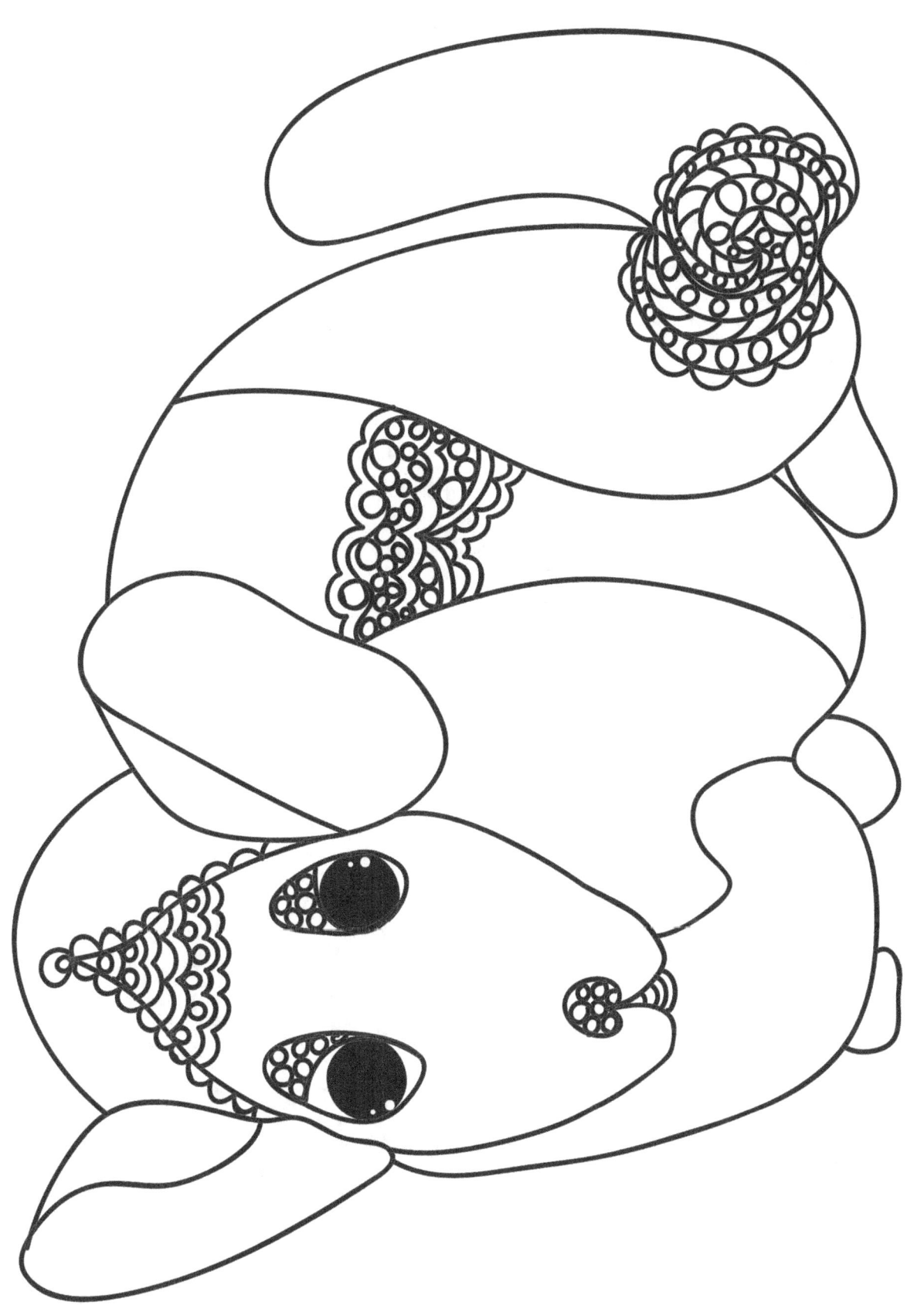

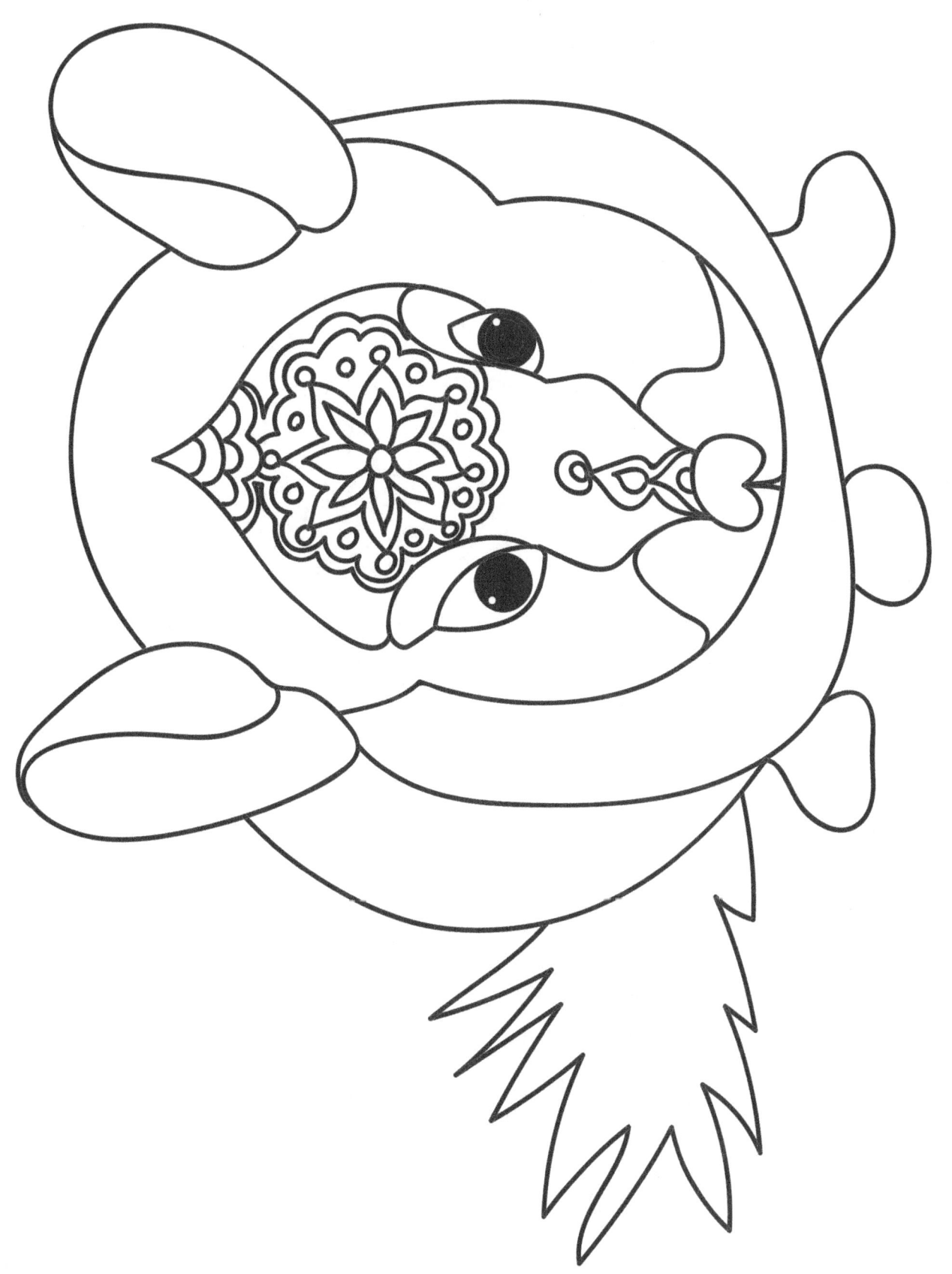

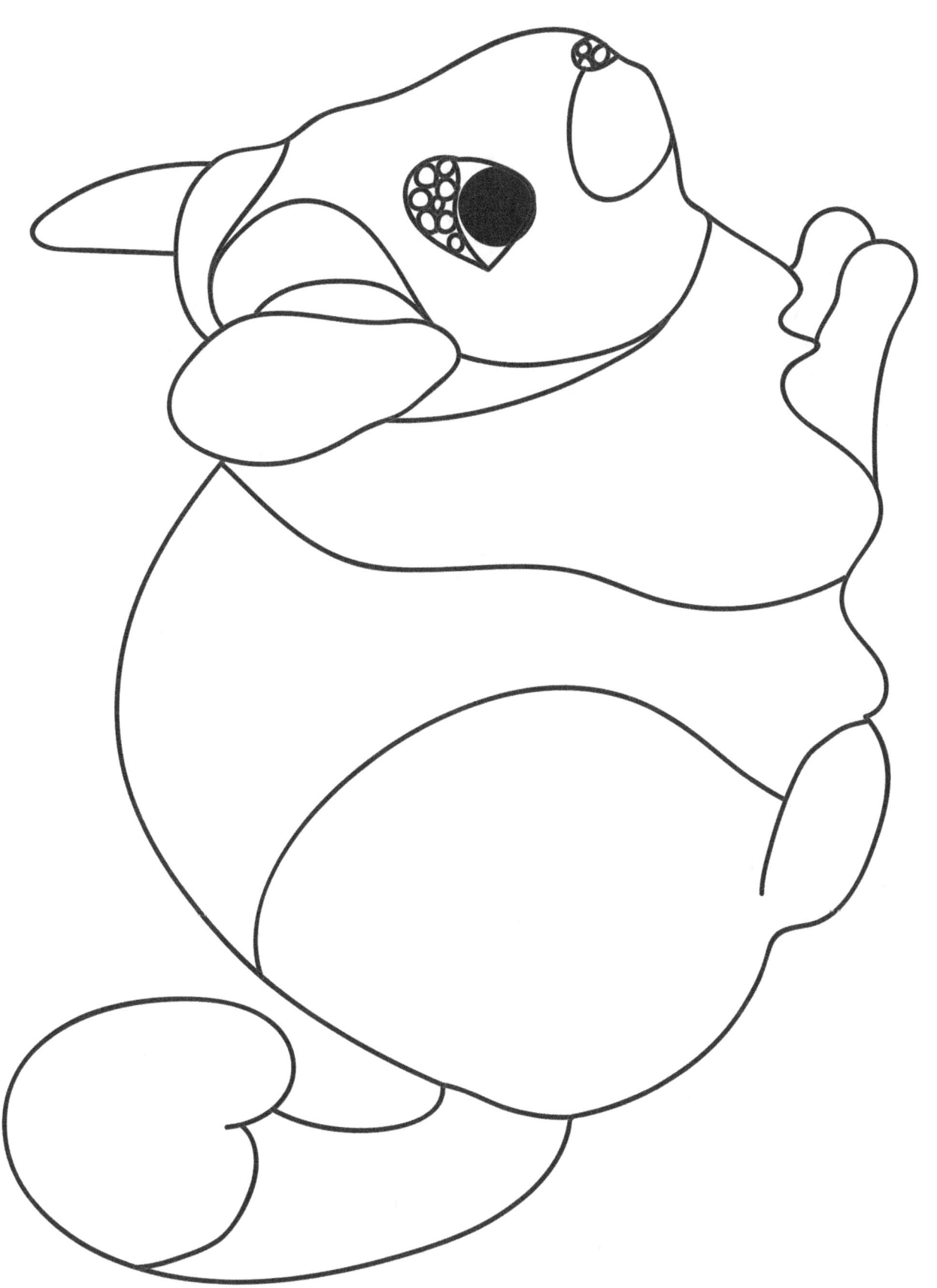

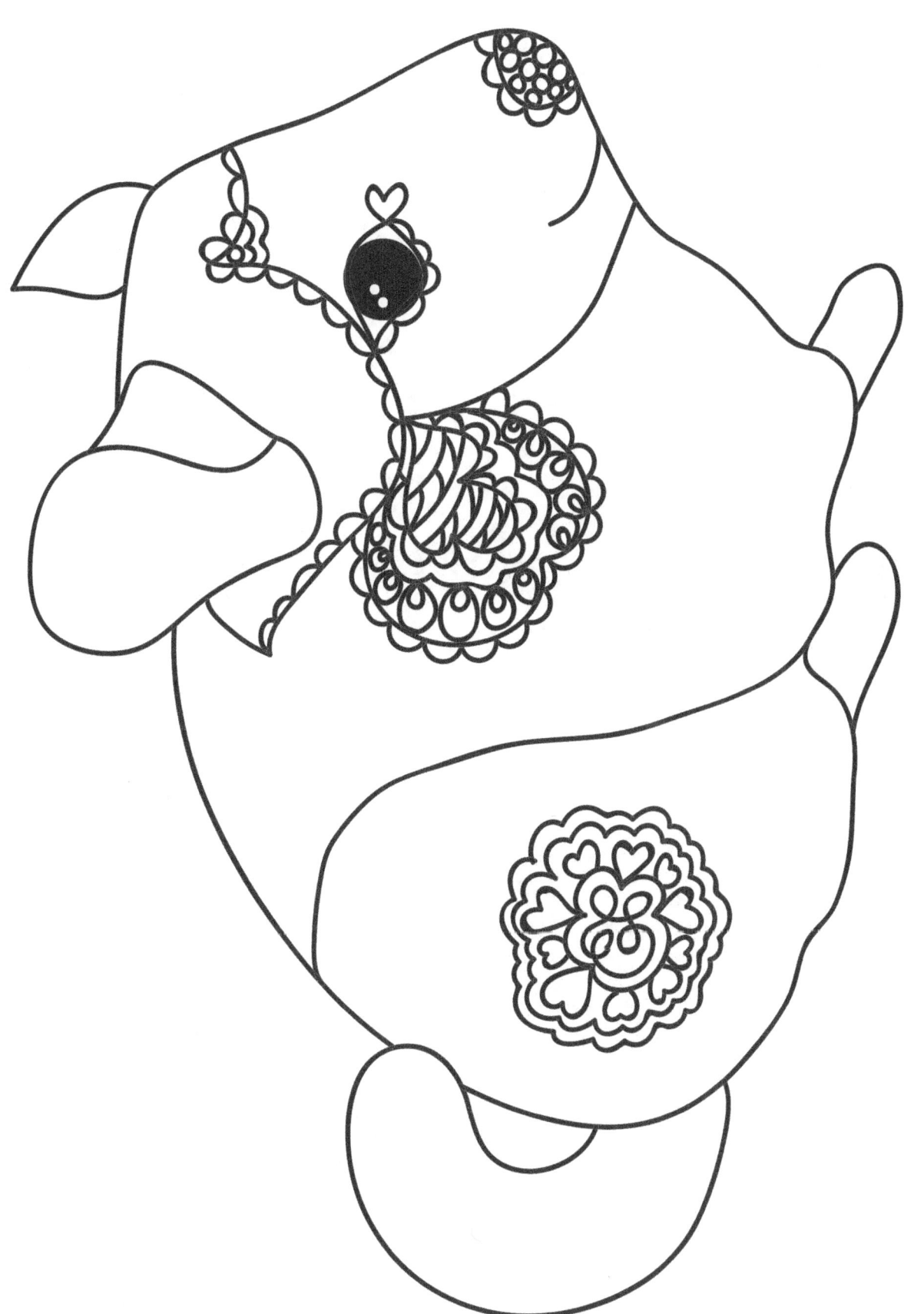

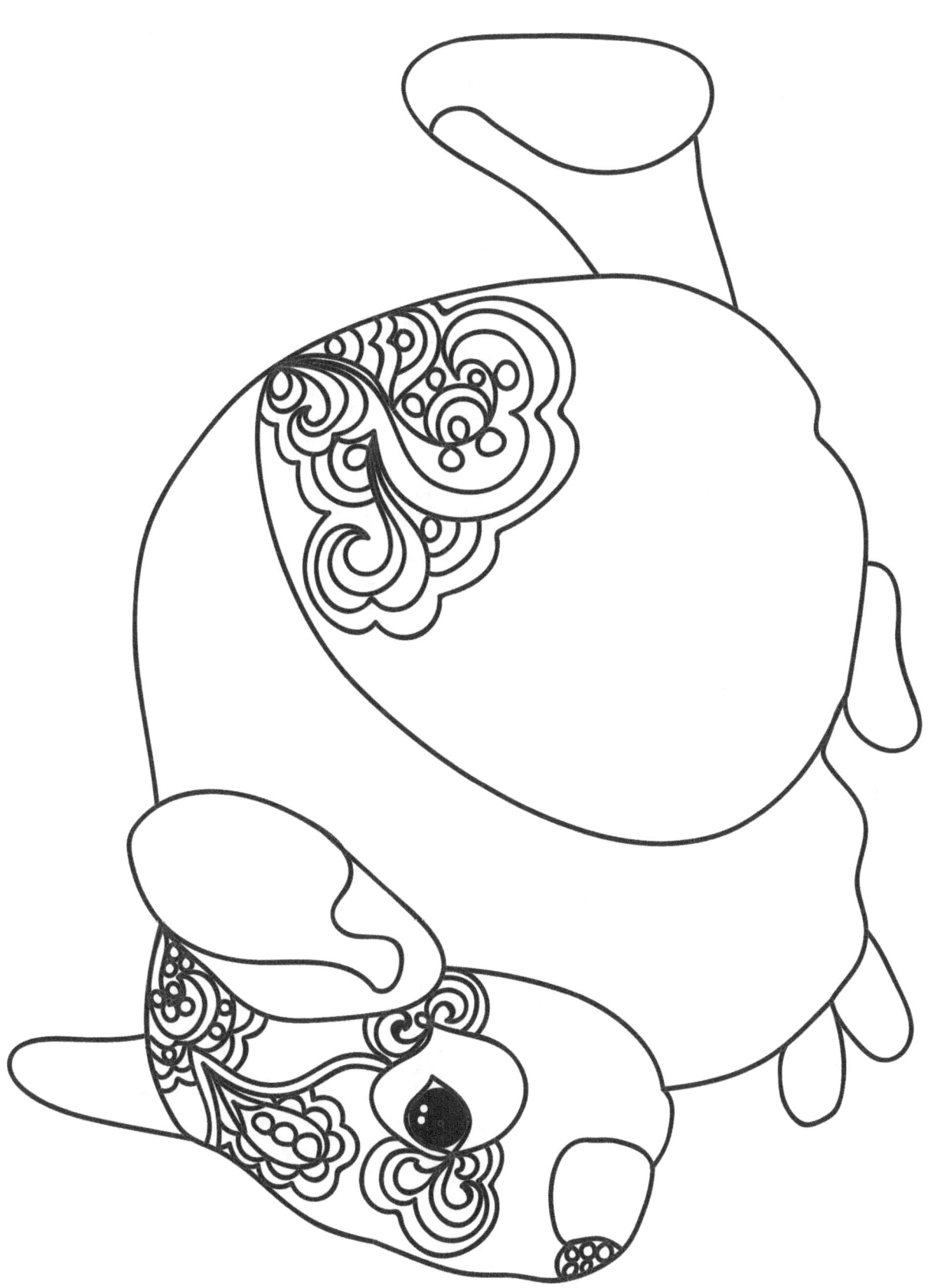

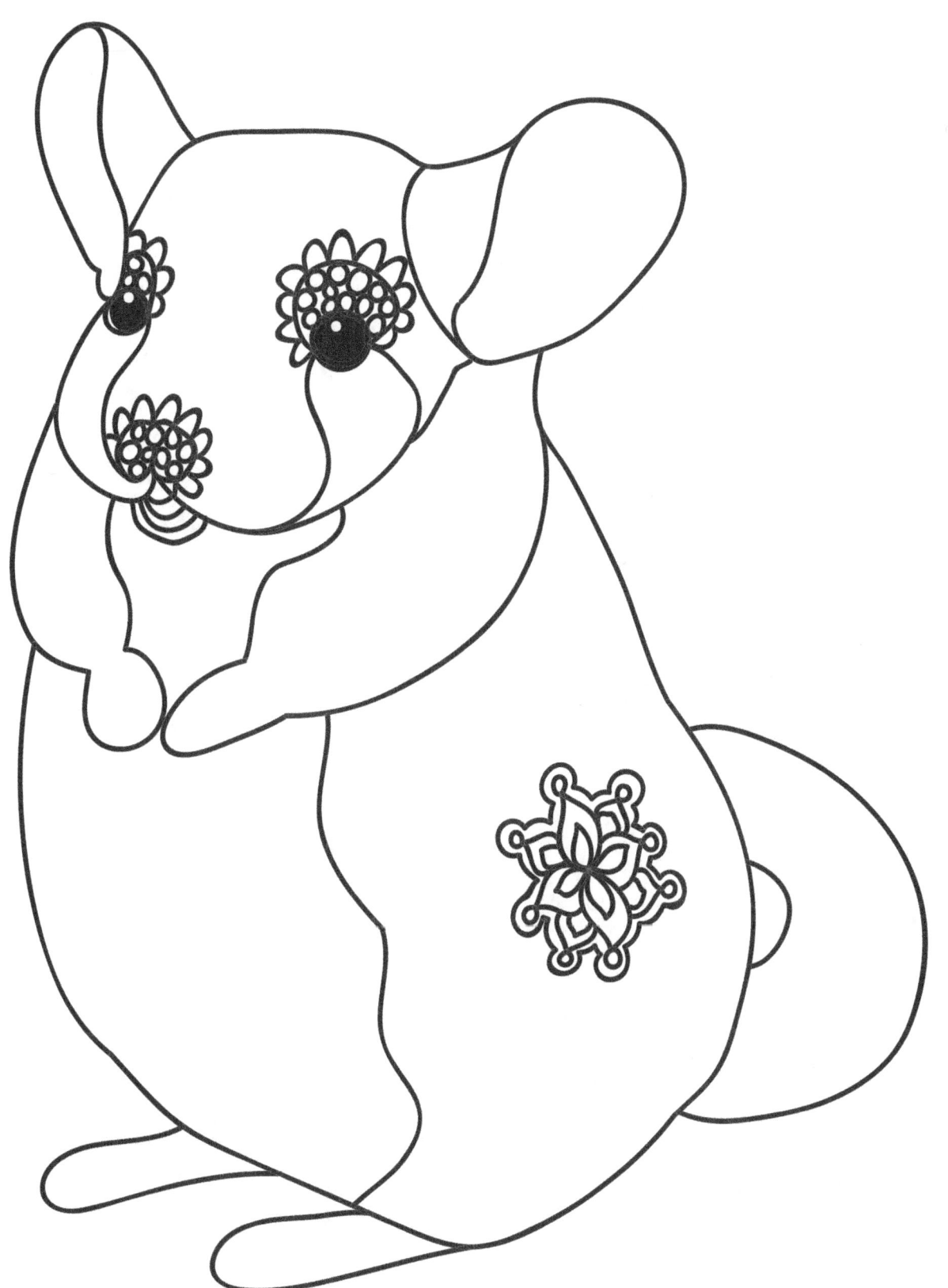

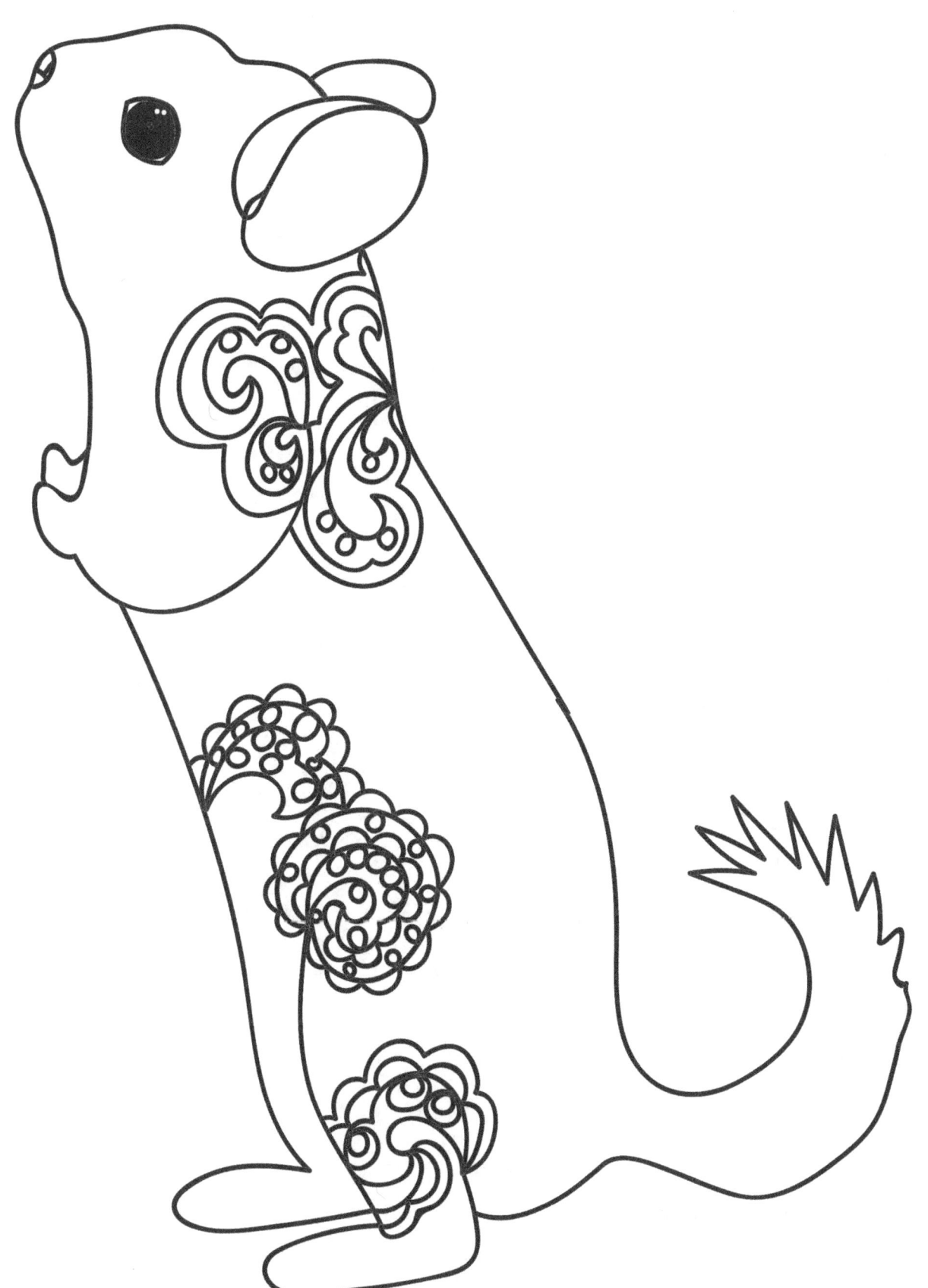

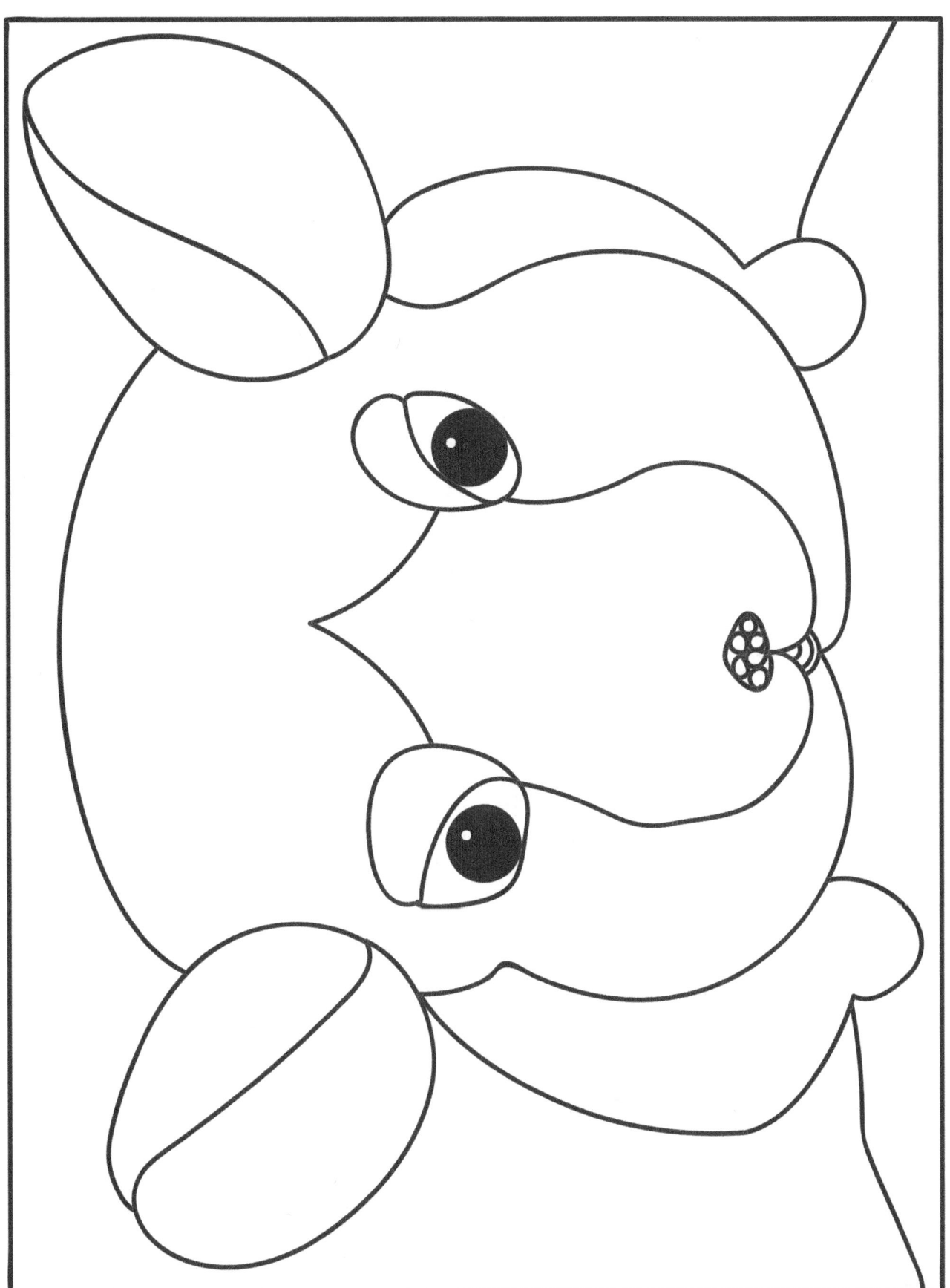

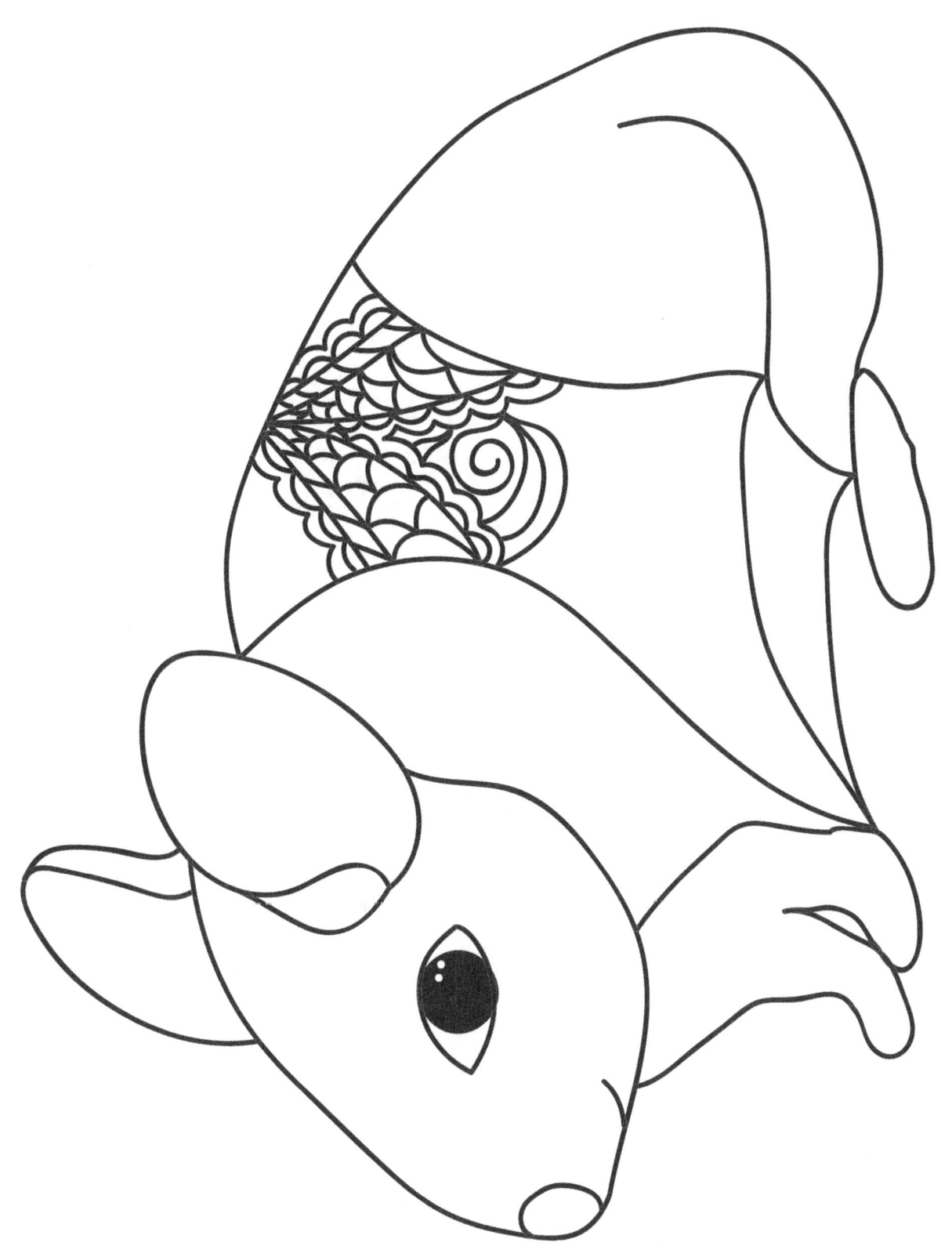

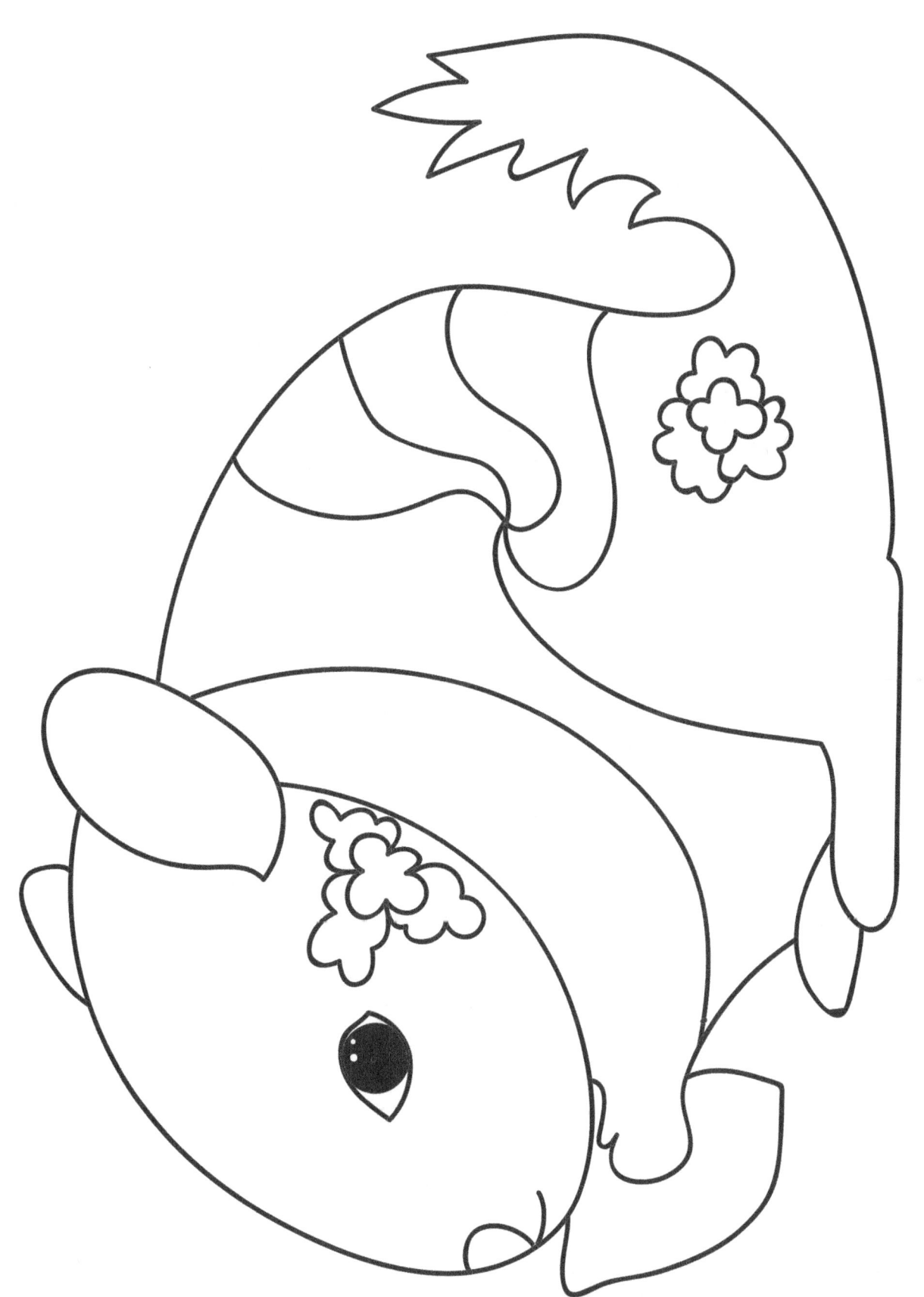

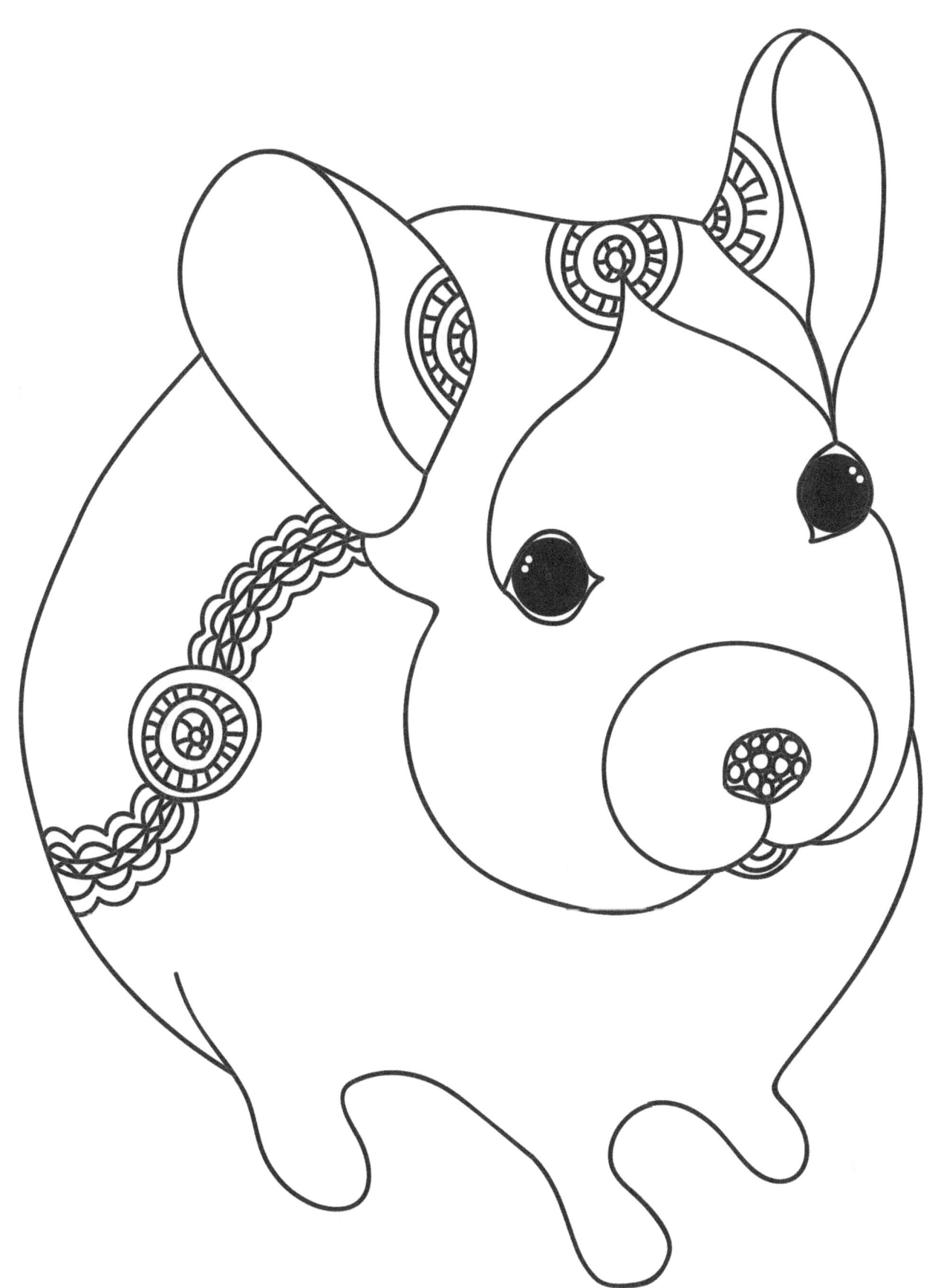

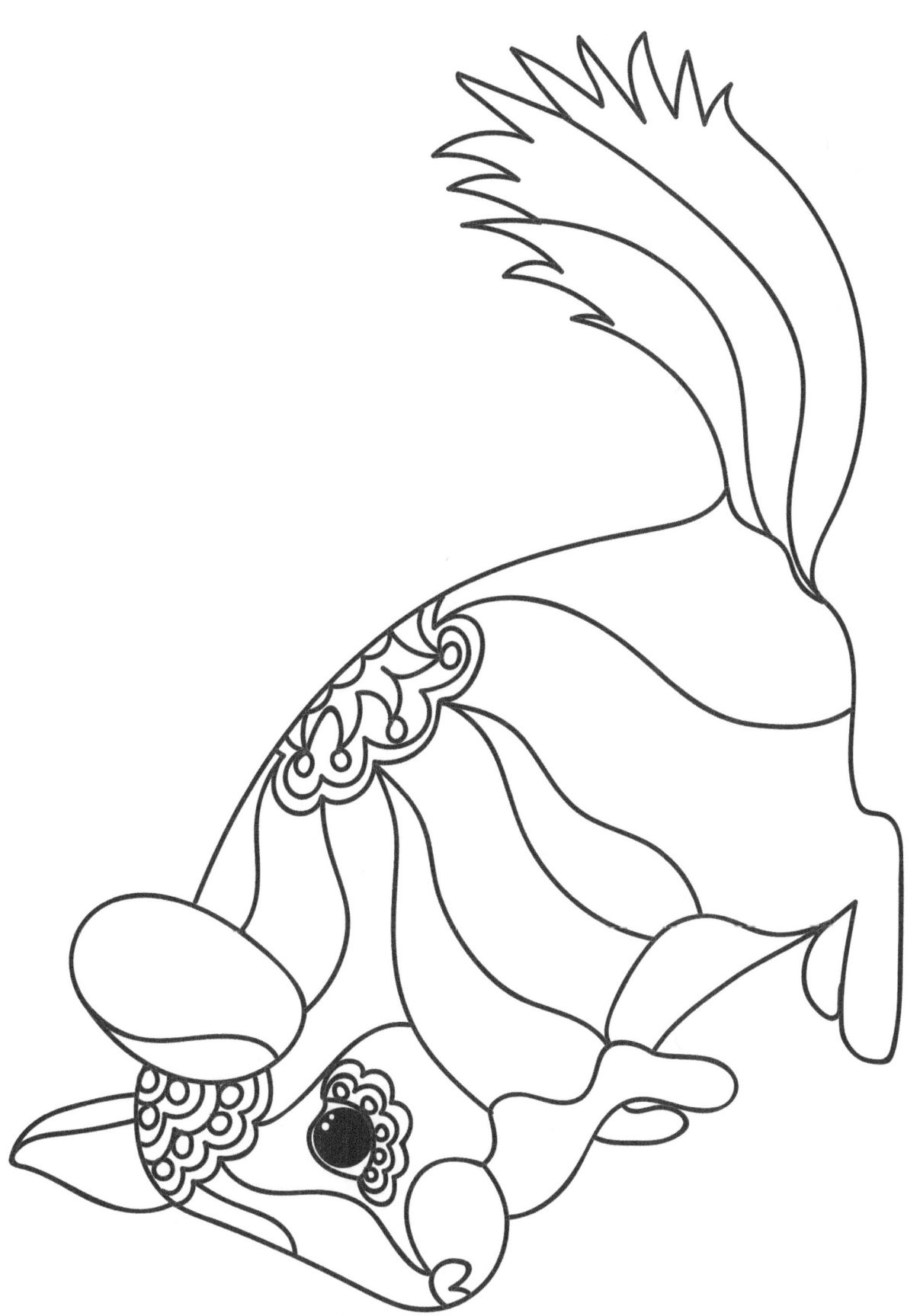

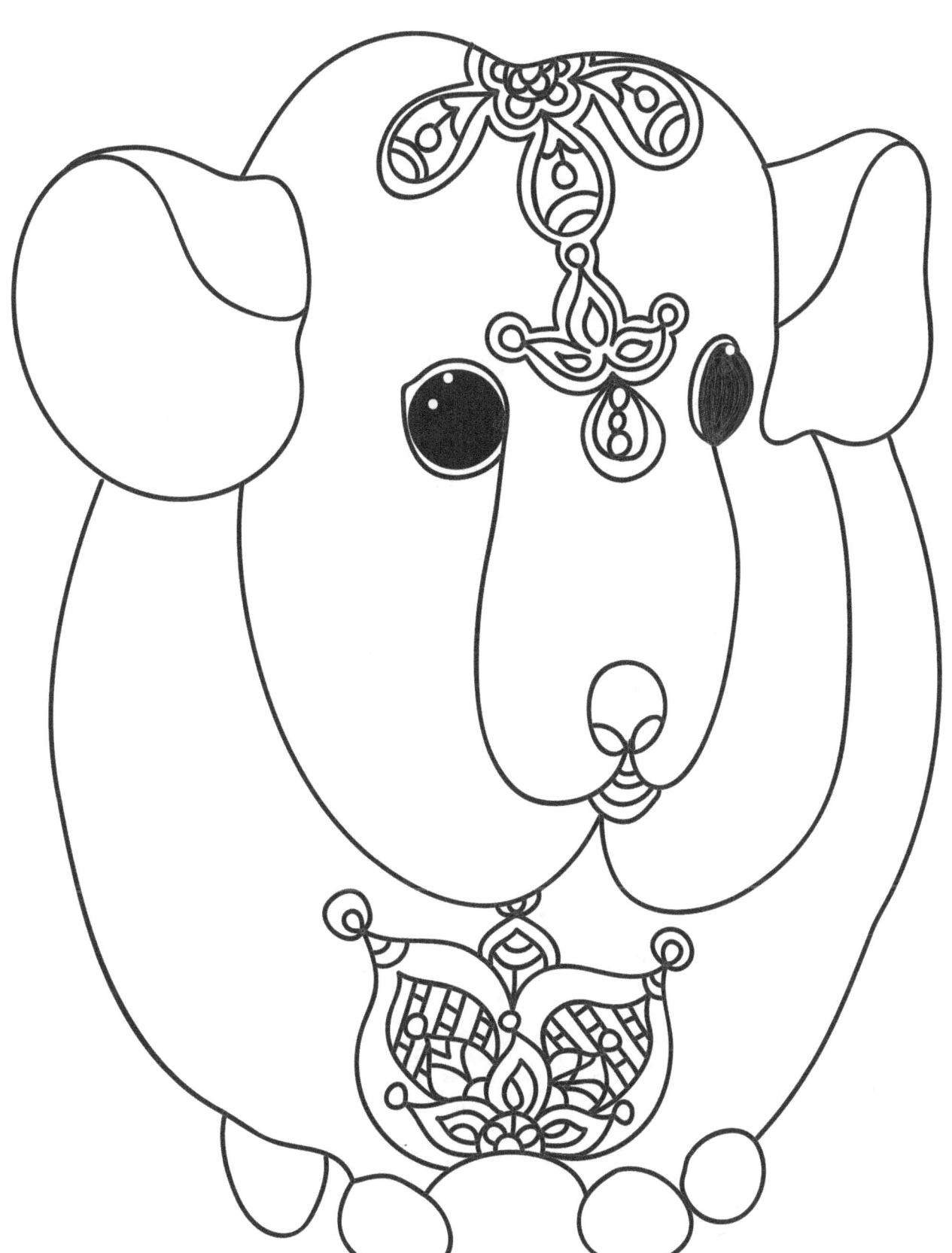

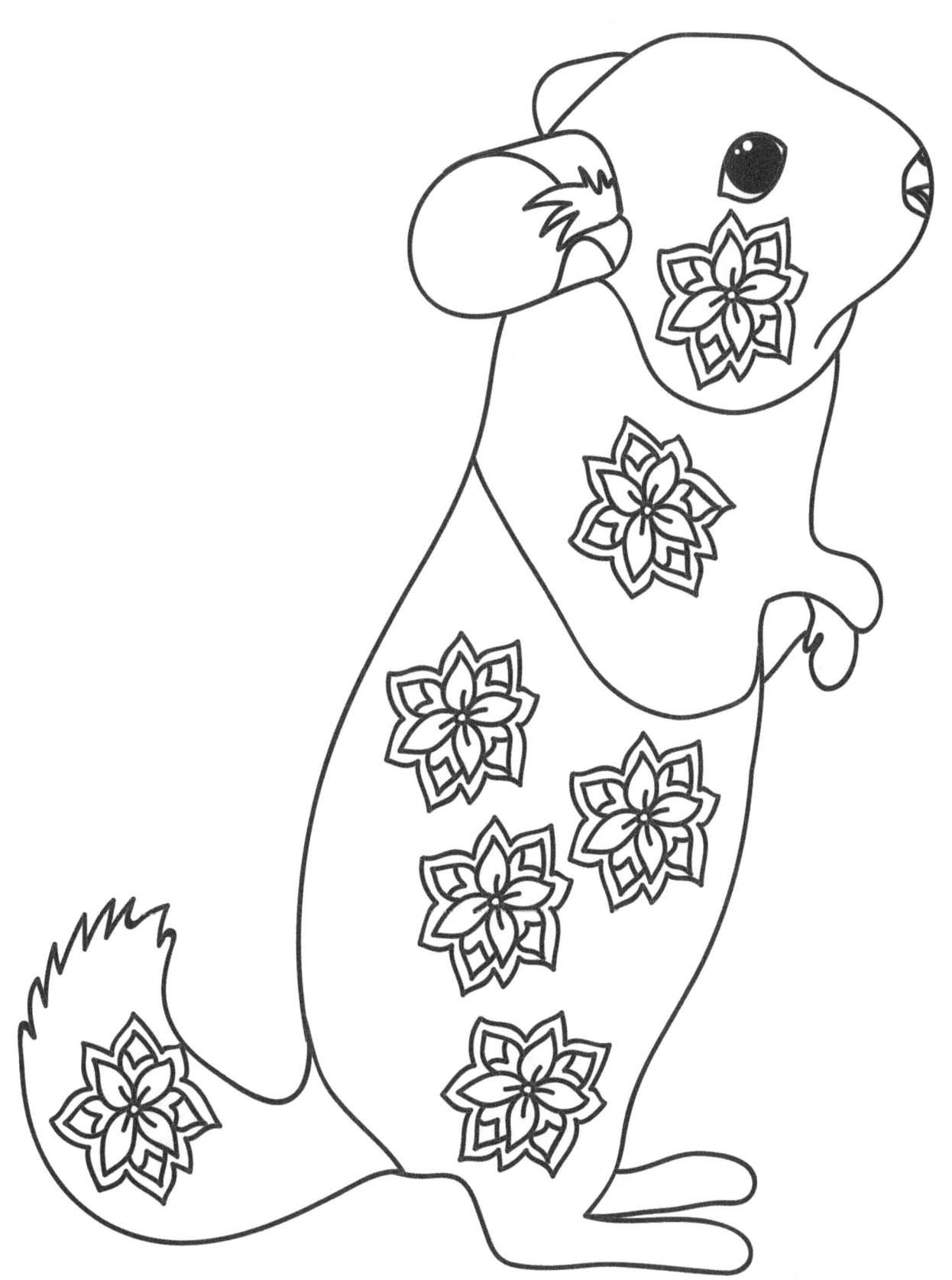

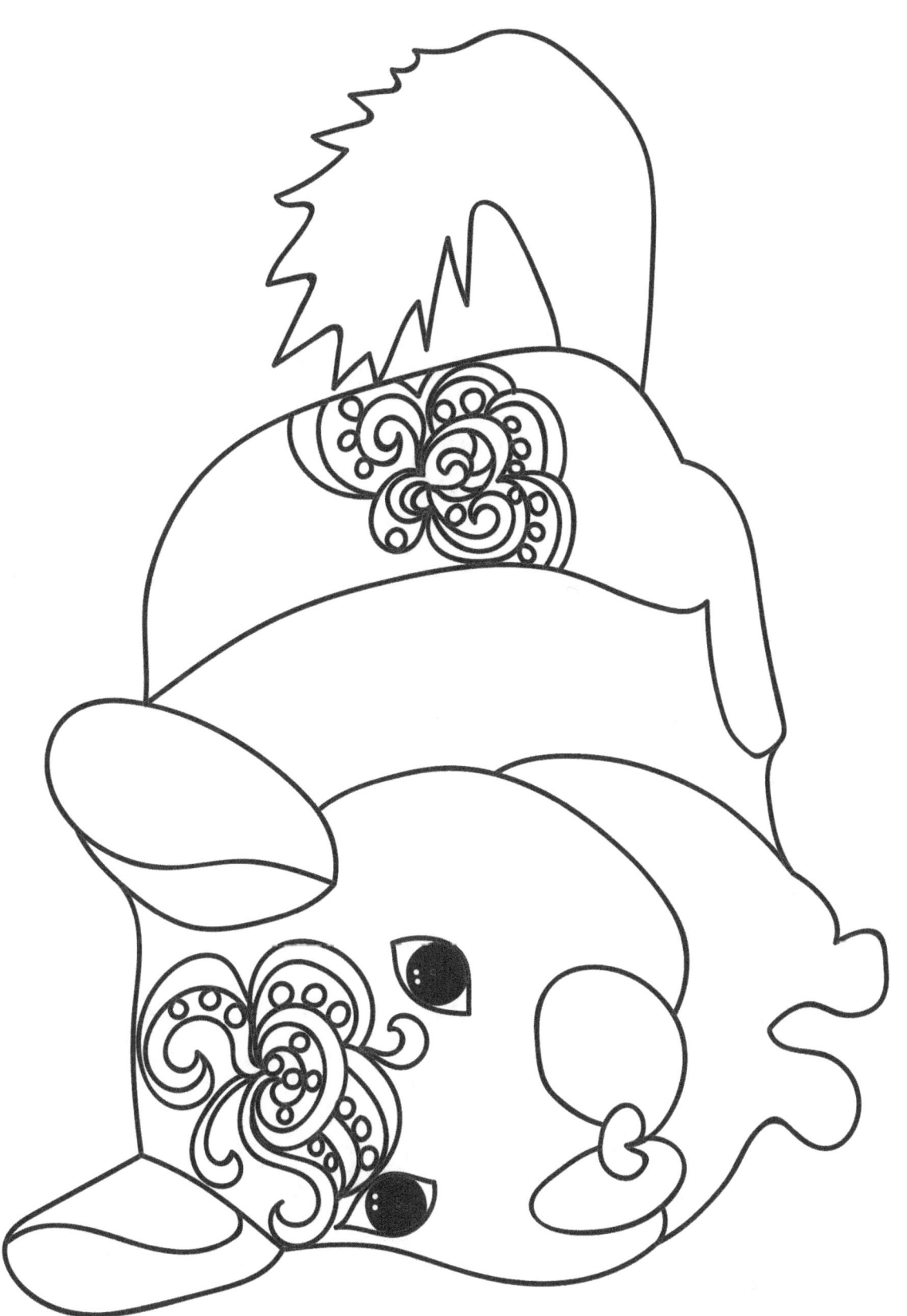

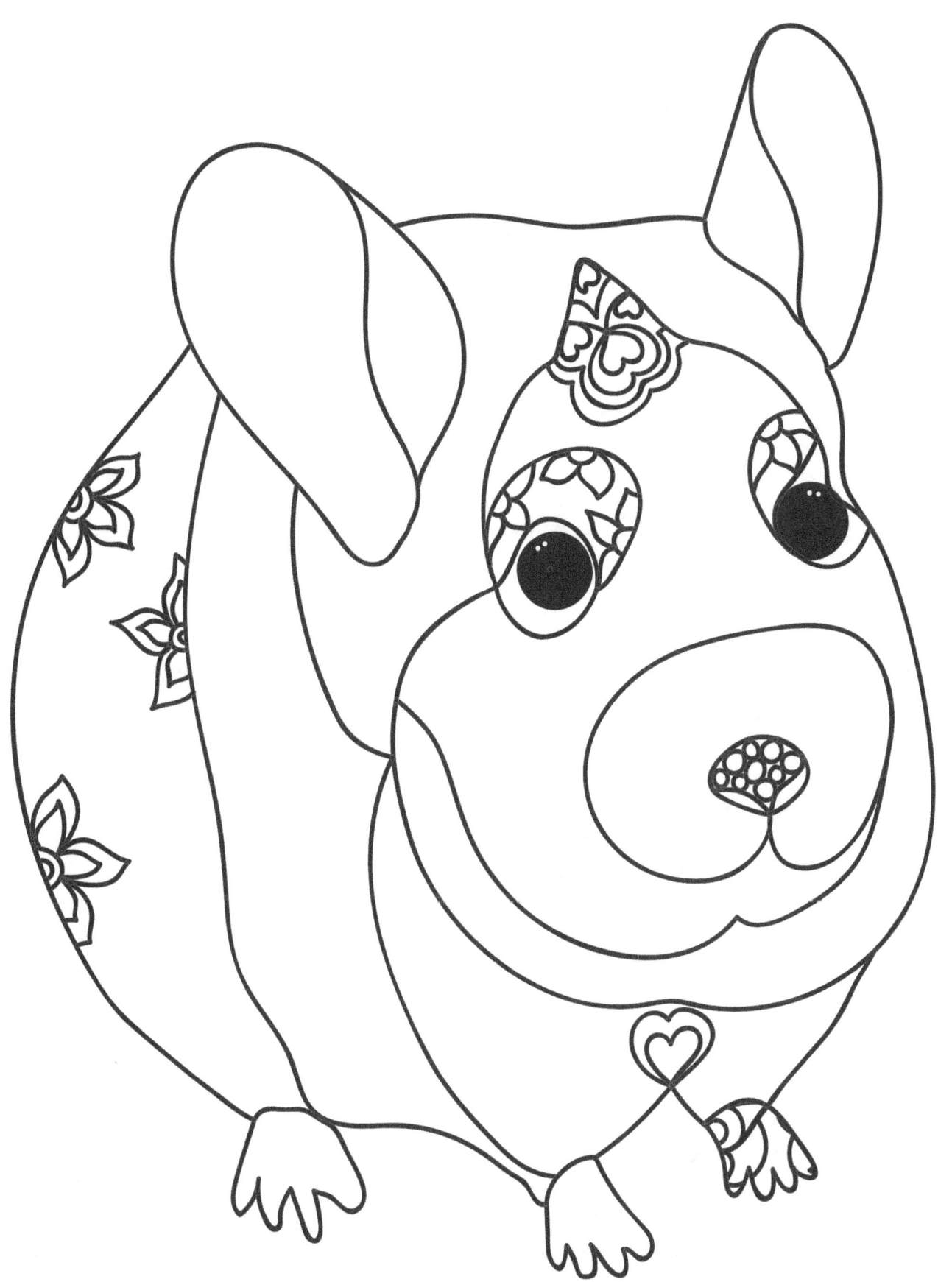

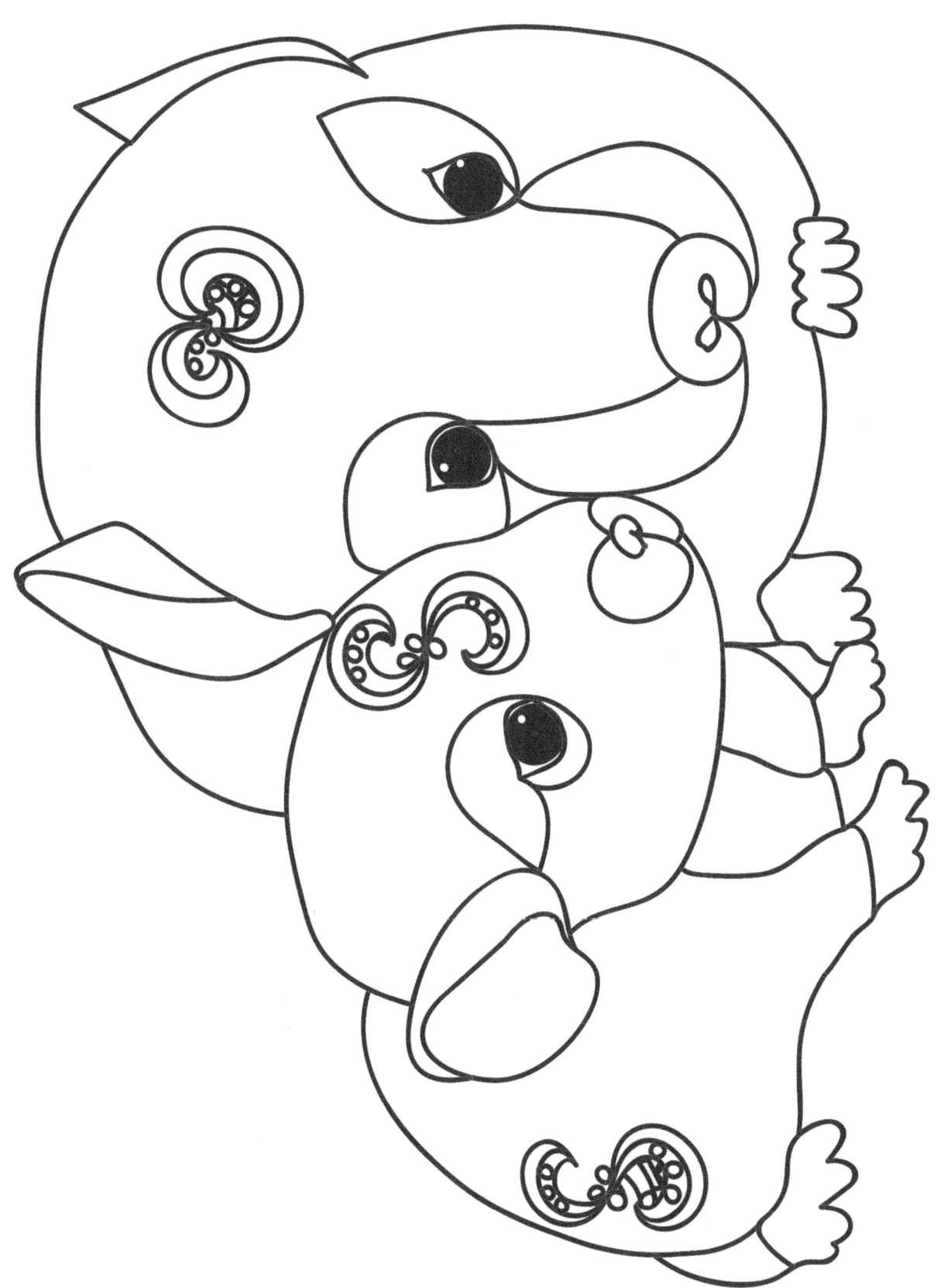

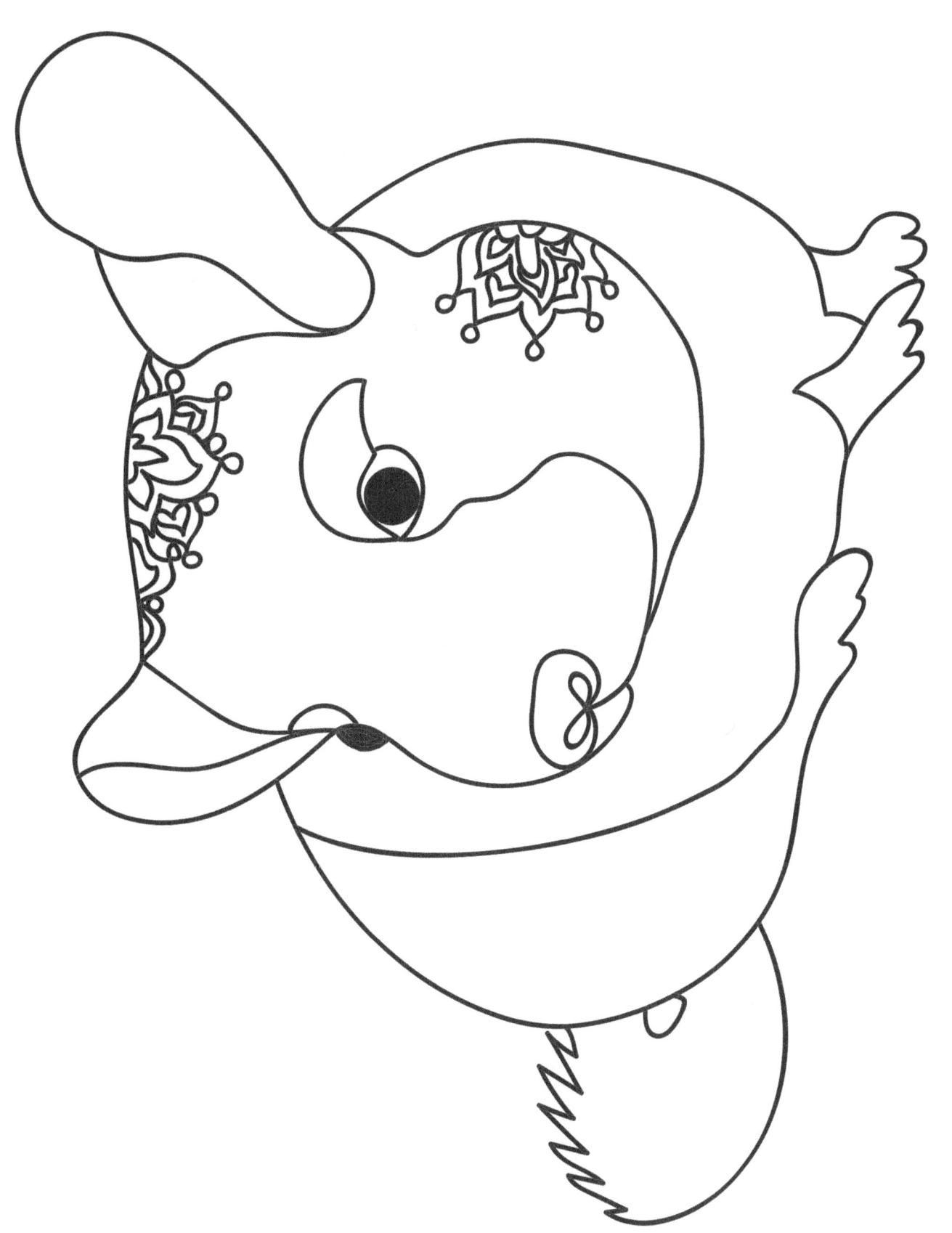

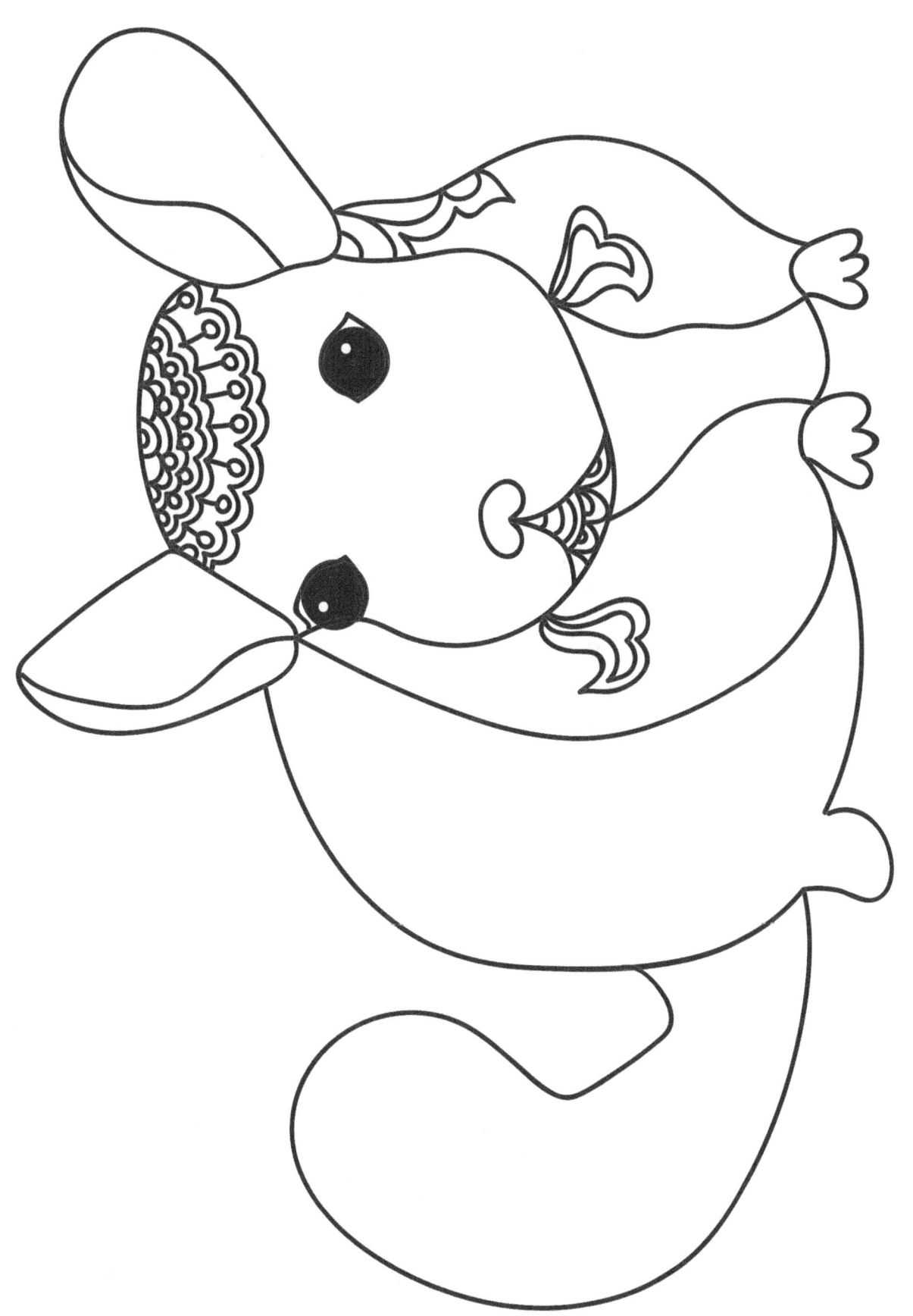

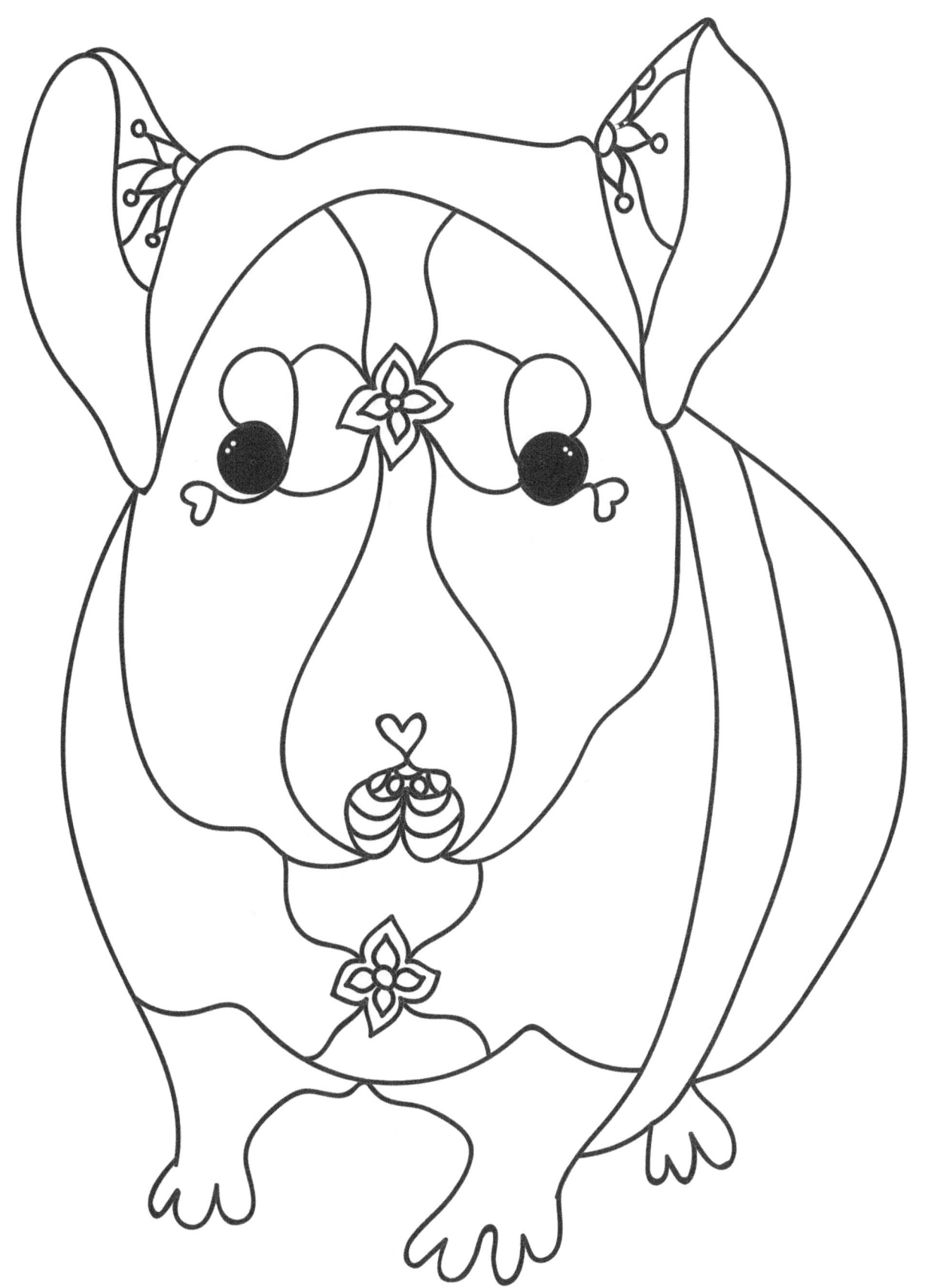

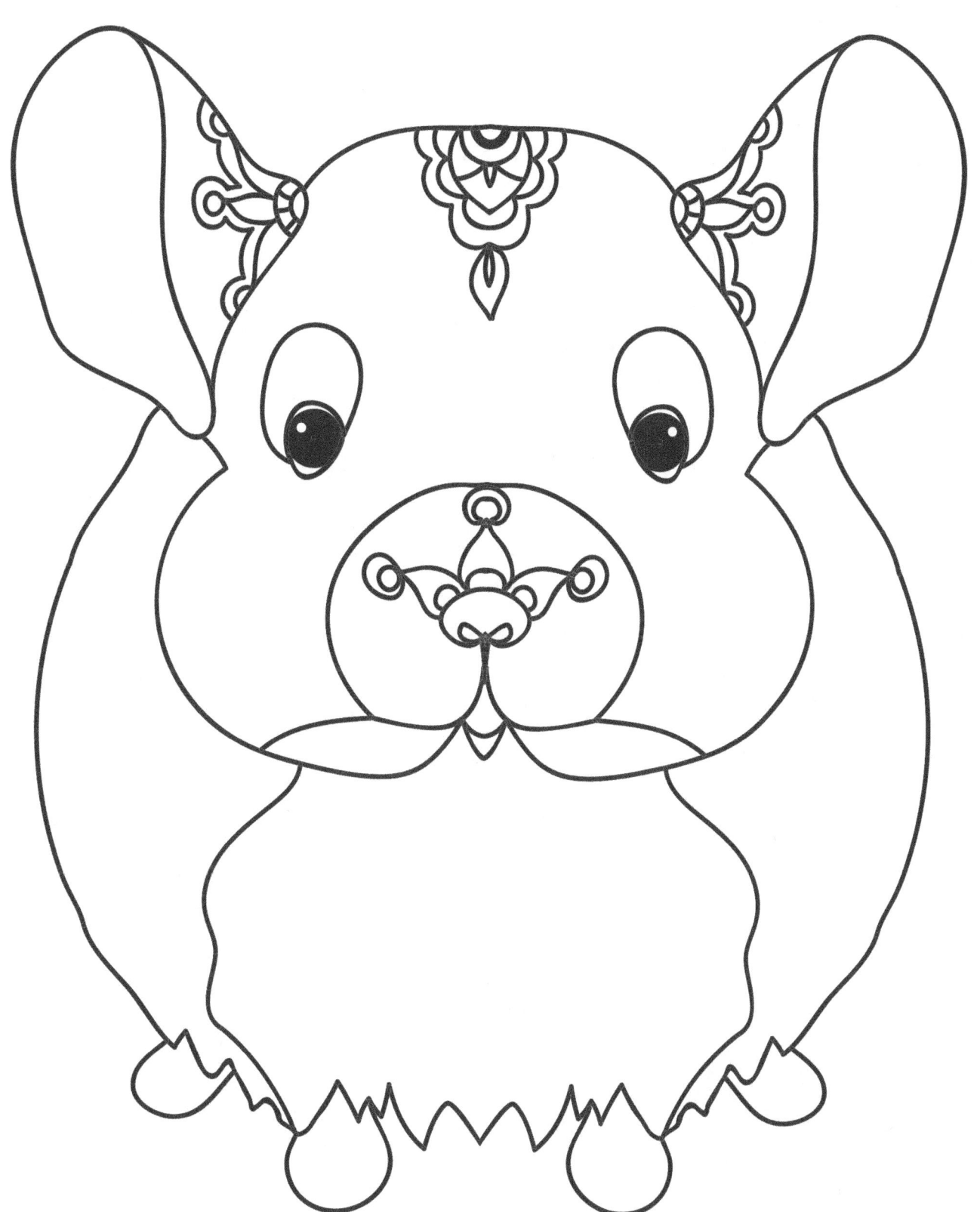

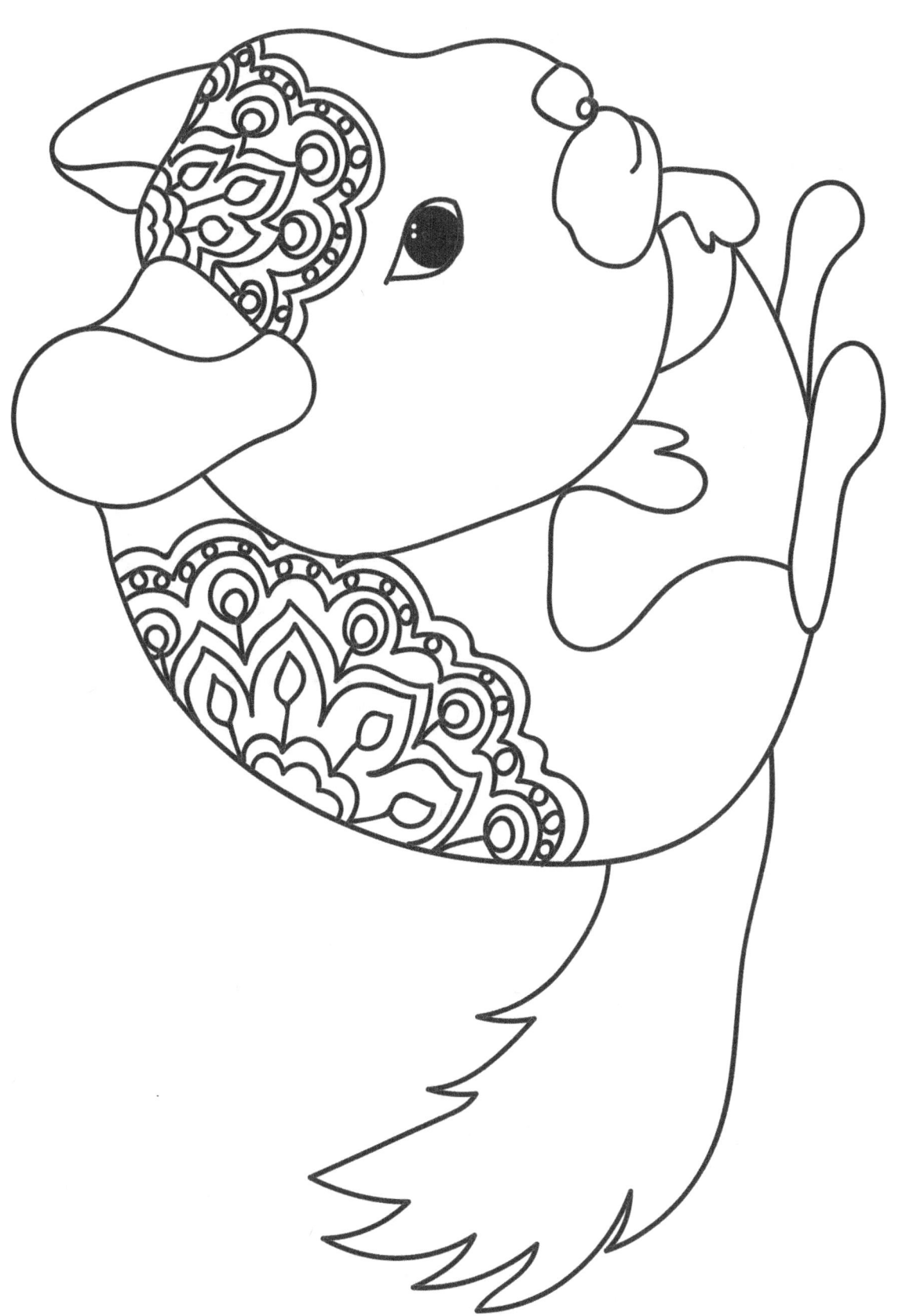

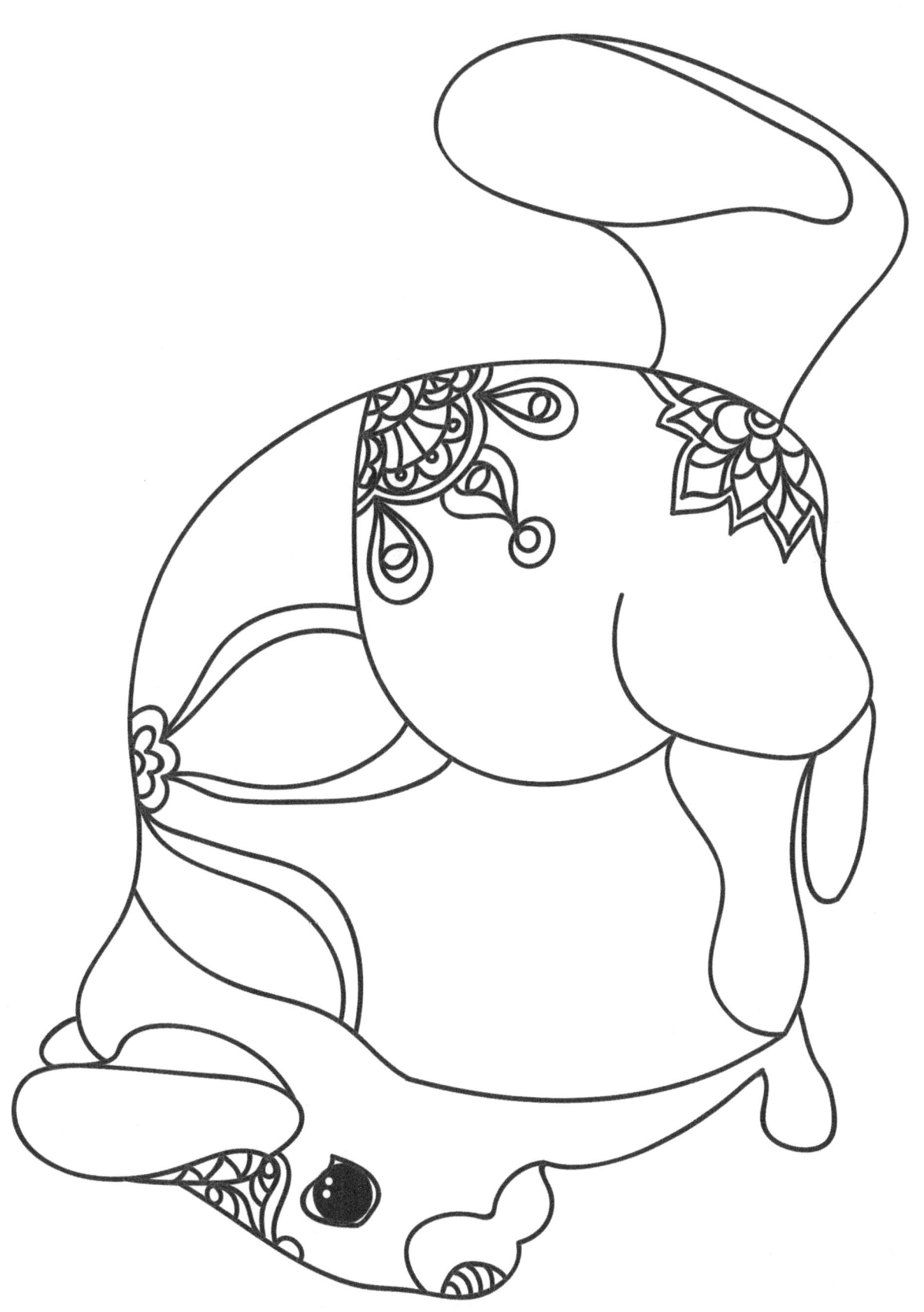

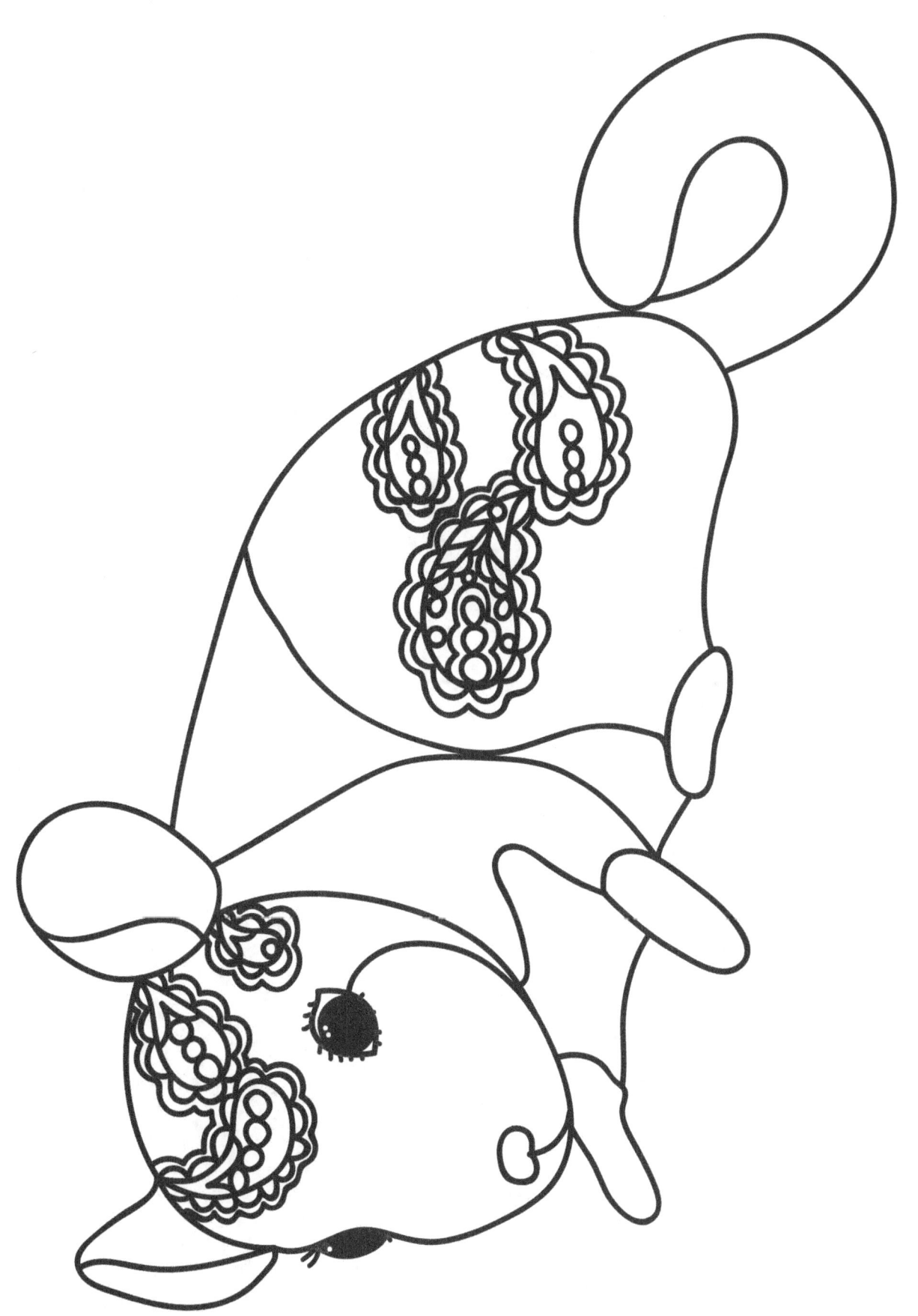

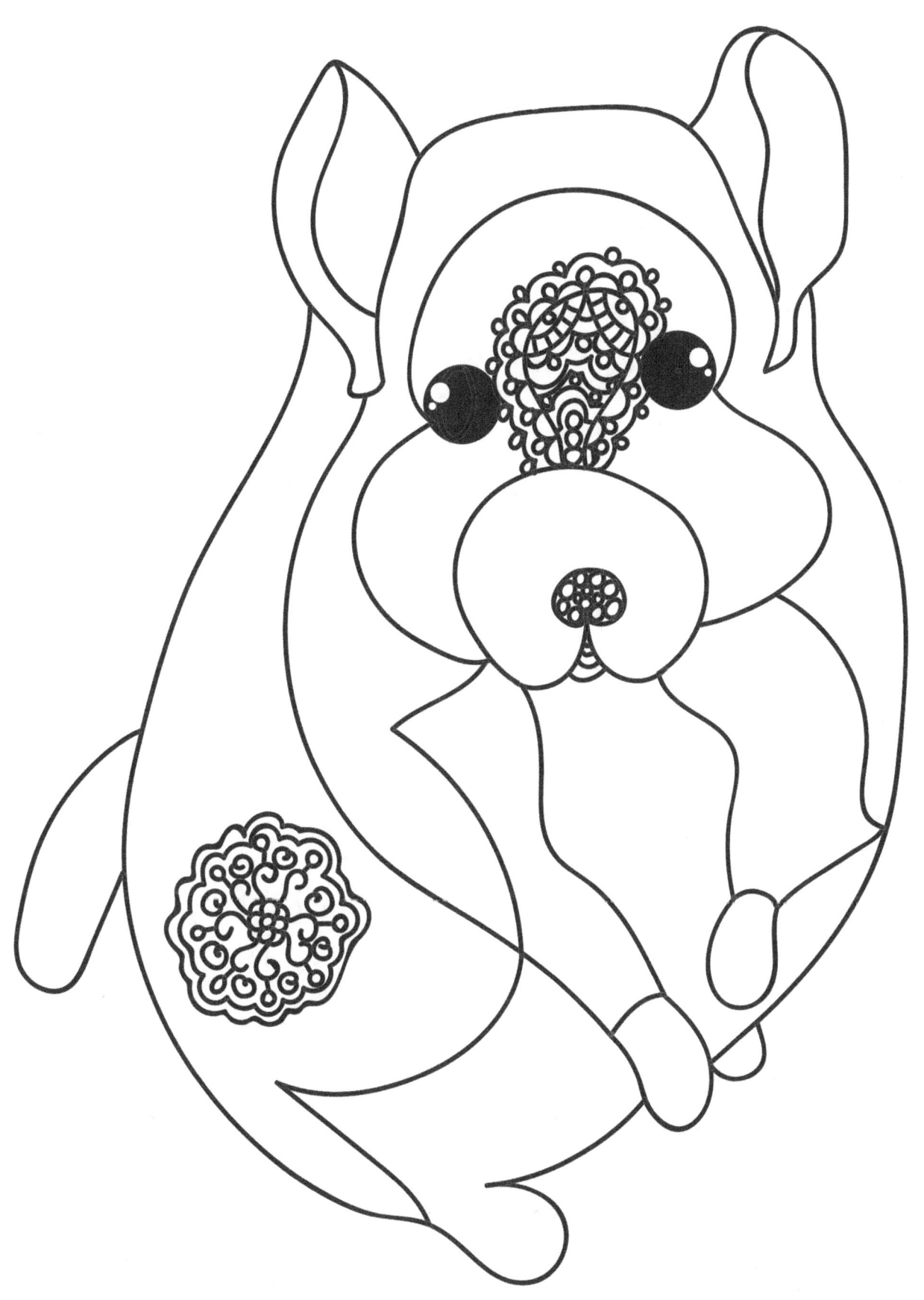

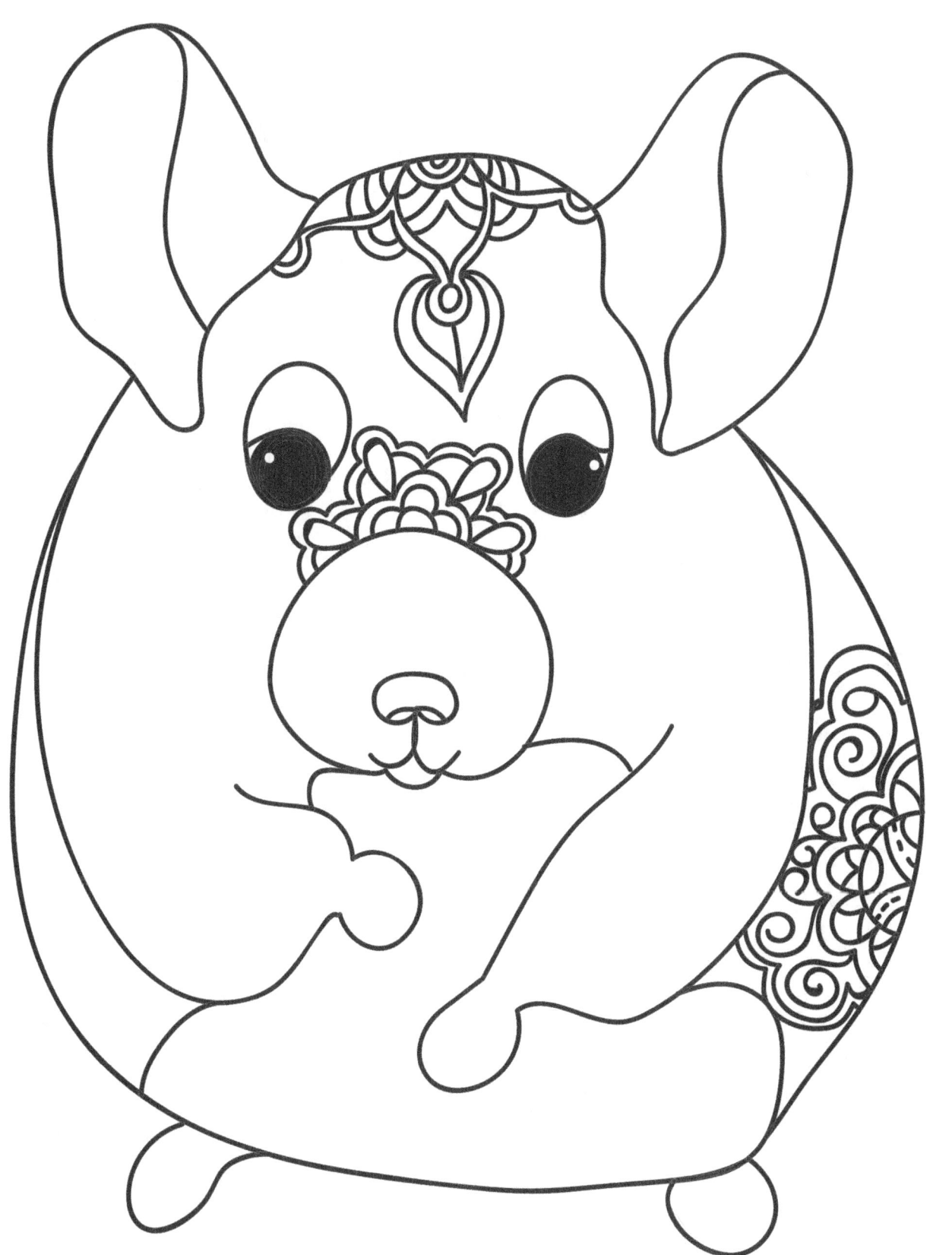

COLOR TEST PAGE

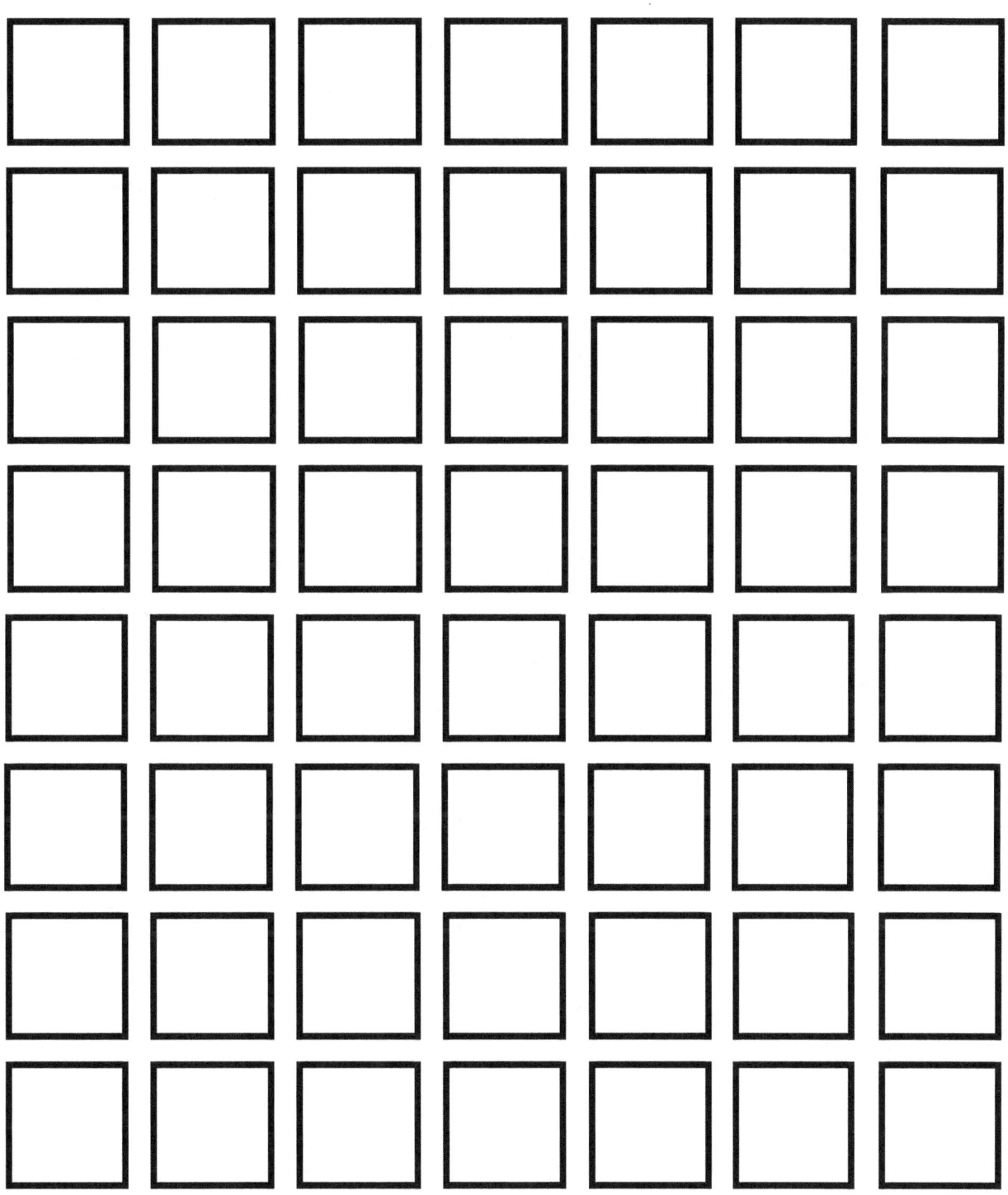

COLOR TEST PAGE

www.ingramcontent.com/pod-product-compliance
Lightning Source LLC
Chambersburg PA
CBHW062122220526
45471CB00010B/3839